# 教師が40代で身につけたい24のこと

堀 裕嗣 著

# まえがき

こんにちは。堀裕嗣と申します。四十九歳と九ヵ月です。
苦しいですね、四十代。明日が不安ですね、四十代。責任に押しつぶされそうになりますね、四十代。上司の気まぐれで悔しさに涙こらえることも、あまりにも力のない若手にあきれ果てることもあります。帰り道。叫び出したくなることさえ少なくありません。自家用車通勤ならそれもできますが、電車・バス通勤ではそんなわけにもいかない。わかりますよ。僕も四十代ですから……（笑）。

自分が高校生や大学生の頃、父親がなぜ、あんなに不機嫌だったのか。二十代の頃、毎日電車で見かけるおじさんがなぜ、あんなにも疲れていたのか。でも、人を押しのけてまでギラギラするおじさんやおばさんにはなりたくない。「夢」とか「希望」とか、そんな言葉はもう過去のものになってしまった……そんな気がする。かつての自分はどこに行ってしまったのだろう。そんな思いを酒で紛らわすにも限界がある。こんな不景気な世の中で、子どもにもまだまだお金がかかる。両親も会う度に年老いていく。自分を無条件に慈しんでくれた両親が少しずつ死に近づいていく。それがはっきりと意識されてくる。自分の人生はいったい何のための人生だったのだろう。今日もそれなりに生きている。

でもね、僕らが時間と、労力と、頭を使って瞬時に判断しないと、心をすり減らして覚悟を決めて判断しないと、時には嘘・偽りと承知の上でその場をおさめないと、学校ってのはまわらないんです。校長を見てみましょう。きっと、あなたより大きな責任に押しつぶされそうになっているんですよ。教頭を見てみましょう。明らかにあなたより疲れているではありませんか。それでもみんな笑顔で、今日もそれなりに生きているんです。

あなたが学校を支えているのです。あなたが学校の一翼を担っているのです。あなたがいなければ学校はまわらないのです。あなたがフォローしなければ、その若者は人生に関わるような失敗をしてしまうかもしれません。若者に来たクレームに、下げたくない頭を下げるくらい良いではありませんか。

だって、あなただって十年前、二十年前はそうやって支えてもらい、そうやってフォローしてもらっていたのです。物事は順番なんです。今度は僕らの番なんです。上司が少しでも良い学校運営ができるように、若者たちが十年後に更に若い人たちをフォローできるように、いま僕らが頑張らなくてはならないのです。

やるっきゃないではありませんか。それなりに、自分なりに頑張りましょう（笑）。

# CONTENTS

CHAPTER 3

## メッタメタにメタ認知する

CHAPTER 4

## 年下の論者から意識的に学ぶ

CHAPTER 5

# 遊ばないから老いるのだと心得る

CHAPTER 6

# ゆらゆらするのも人生の醍醐味だ

## CHAPTER 7 人の上に立つことの覚悟をもつ

## CHAPTER 8 時代をつくるときが来た

# CHAPTER 1
# 上からの要求と下からの要求を調整する

## プロローグ

この章では，「調整役としての 40 代の役割」について述べていきます。40 代は，仕事においての責任と裁量が大きくなるとともに，若者のフォローや、上からの要求と下からの要求の調整役としての役割も求められるようになります。職員室の雰囲気の鍵を握っているのは，実は 40 代と言えるのかもしれません。

# 01 調整役を買って出る

□四十代は要職に就き、三十代と比べて責任が一気に重くなる。

□校内の仕事において裁量が大きくなるとともに、フォロー役も担わなければならなくなる。

□上からの要求（行政・管理職）と下からの要求（同僚の先生方）との調整を図ることはストレスが大きい。

□しかし、学校運営がスムーズに行くか否かの鍵は、教頭とともに四十代がにぎっている。

四十代は、三十代と比べて自分の肩にのしかかる責任が違うというのが特徴です。研究主任や教科主任、児童活動主任や生徒会指導主任といった、研究や子どもの活動を司る役職ではなく、学年主任や生徒指導主事、教務主任といった学年や学校を司る役職へと立場が移行していきます。子どもの活動や行事の取り組みについて最終決定をしたり、教育委員会に学校を代表して報告する文書をつくったり、他の教師にクレームが来れば一緒に家庭訪問をしたりと、自分の仕事だけでなく同僚の仕事にも責任をもたなくてはならなくなります。責任に押し潰されてしまう四十代も決して少なくありません。

責任をもたねばならない立場になると、概して行政や管理職の指示通りに動こうということになりがちです。力量がなかったり自信がなかったりといった人ほどその傾向に陥ります。上のお達しどおりに動いていれば、少なくとも自分の責任を深刻に問われることは避けられます。自分の責任を回避することは楽でもあります。その結果、小さなことまで管理職に報告して指示を仰ぐという仕事の仕方になりがちです。

しかし、自分のもとで働いている若手・中堅の立場から自分の仕事を見直してみることが必要なのではないか。どんな小さなことでも、「ちょっと待って。上に報告して指示を仰ぐから」という人のもとで、若手・中堅は「さあ、がんばろう」と思えるだろうか。自分が若かったときだって、そういう学年主任や教務主任を「頼りない」とか「保身だ」とか「指示待ちだ」とかと感じた経験がなかったか。そして「主任クラスがこんな感じでは若手が育たない……」なんて、同世代の同僚と呑みながら愚痴をこぼしていたのではなかったか。いつの間にか、自分が批判していたベテランと同じことをしている……そんな状態に陥ってはいませんか。

もちろん、主任クラスは行政や管理職の考えていること、即ち〈上からの要求〉に応えることがなにより大切です。なにしろ学校経営に参画し、学校の基盤づくりの責任の一端を担っているわけですから、自分のわがままを通して学校の基盤を揺るがすわけにはいきません。しかし、自分が〈上からの要求〉を下に伝えるだけの伝書鳩になっていたり、自らの保身（自分が失敗しないこと）のために若手・中堅に無理な仕事の仕方を強制したり、若手・中堅のアイディアを取り上げなかったりしていたのでは、早晩、自分自身の仕事が立ち行かなくなっていきます。いつの間にか人間関係がギスギスし、そうと気づかぬうちに同僚の信頼を失い、結果的に仕事がまわらなくなって管理職の信頼をも失ってしまう、なんてことになりかねません。〈下からの要求〉も〈上からの要求〉と同様に大切なのだと考えることが重要と言えます。

私は主任クラスの仕事を「上からの要求と下からの要求を調整すること」だと捉えています。若手・中堅の同僚たちが気持ち良く働ける環境を整えながらも、行政や管理職の求めていることを実現していく。そのためのアイディアを出し、実行していく。そういう仕事が求められます。責任とはそもそもそういうことなのではないでしょうか。

〈上からの要求〉ばかり優先すると、自分のもとで働く同僚のやり甲斐を奪ってしまいます。それは職員室を沈滞させ、数ヵ月後の停滞を招きます。また、〈下から要求〉ばかりを優先して管理職と対峙すると、管理職が行政とあなたとの板挟みに遭い、管理職の先生方にあなたには想像できないような苦労をさせてしまうことにもなります。それは、場合によっては、学校が教育委員会からにらまれることを意味しますから、長い目で見たときには結局、学校のためになりません。

〈上からの要求〉を理解するとともに下にもそれをわかりやすく伝える。また、〈下からの要求〉をよく理解した上で、その現実を上に伝える。そしてできれば、具体的な対応策を管理職に提案する。それが四十代の仕事の在り方なのではないでしょうか。

学校運営がスムーズに進むか否か、職員室の雰囲気が良くなるか悪くなるか、教頭とともに、その鍵を握るのは四十代であると言っても過言ではないでしょう。

# 02 若者をメチャクチャ可愛がる

□四十代の勤務時間は自分のために半分、他人のために半分ある。

□特に若手教師の育成は四十代にとって重要な仕事と心得るべきだ。

□人は自分と似たようなタイプの後輩を評価し可愛がる傾向があるが、それでは一部の若者たちのやる気をそいでしまうことになる。

□若者たちは差別することなく、日常的に適切な声かけを続ければすくすくと育っていくものだ。

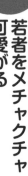

四十代の勤務時間は自分のために半分、そして残りの半分は周りの先生たちのためにある。このくらいに考えるのがいい。私はそう考えています。四十代の労力は自分のために半分、周りのために半分使われるのがいい。私はそうも考えています。つまり、四十代の時間と労力のうち、自分のために使えるのは半分なのだということです。半分の時間と労力で自分の仕事のすべてをこなさなければならない。そういうことです。

自分の学級は多くて四〇人。一般には三〇~三五人くらいでしょう。担任をもちながら学年主任、生徒指導主事、教務主任をするという場合、自分の学級だけに時間と労力をかけ、主任業務については最低限の事務仕事だけしていれば良いという考え方では、仕事を全うしたとは言えません。学校の児童生徒全員に責任をもつ、主任クラスがもつべき意識とはそういうものです。学校経営に参画するとはそういうことなのです。

しかし、自分の躰は一つ。自分一人が同時に子どもたちを指導することはできません。とすれば、職員室の先生方が気持ち良く仕事に取り組める環境を調《ととの》える、力量のない先生が力量を高めていく環境を調える、そうした環境設定によって間接的に責任をもっていくしか方法はないではありませんか。そうです。四十代になったら、或いは学校経営に参画する立場になったら、自分の仕事だけでなく周りの先生方の仕事の環境を調えることに時間と労力の半分を費やさなければならないのです。

さて、周りの先生方の仕事環境を調えると言われても、何をして良いのやら……。まず第一にすべきことは実はとても簡単なことなのです。誰にでもできることです。それは職員室の若者たちをメチャクチャ可愛がる、ということです。つまり、自分の学級の子どもたちと同じように、どんな若者にも分け隔てなく均等に愛情を注ぐ、ということです。

教師は自分の後輩を可愛がるというとき、どうしても自分と似たタイプの若者を可愛がりがちです。授業研究を得意として生きてきた教師は授業研究を得意とする若者を、生徒指導を得意として生きてきた教師は生徒指導を得意とする若者をひいき目に見てしまいます。また、自分の得意な分野こそが教育の根幹だと思い、それさえやればすべてがうまく行くとでも言わんばかりに強調してしまいがちにもなります。そういう先輩のもとでは若者たちも「オレは授業研究ができないからなあ……」とか「私は生徒指導が苦手だからなあ……」などという劣等感を抱いてしまいます。生き生きと仕事をすることができません。実はこれがなによりいけないのです。自分と似たタイプの若者には「お前を見ていると自分の若い頃を見ているようでヒヤヒヤするよ」なんて言いながら、また、自分と異なるタイプの若者には「オレはそういうの、若い頃できなかったなあ。お前がうらやましいよ」なんて言いながら、どの若者も分け隔てなくメチャクチャに可愛がる。日常の職員室の談笑の際にさりげなくこんなことを言ってあげる。ときには若者たちを呑みに連れ出して、そんなふうに肯定してあげる。こうしたやりとりこそが、実は環境設定なのです。

もしかしたら、皆さんは、最近の若者が先輩からの呑み会の誘いを迷惑がるようになった、付き合いが悪くなったというひと昔前のマスコミの喧伝を信じ続けているかも知れません。しかし、実はそうした若者たちは既に三十代になっています。現在の二十代は人付き合いをとても大切にする世代です。もちろん全員とは言いませんが、十年前と比べれば、みんなで呑みに行くこと、みんなで取り組むちょっとした行事など（ＢＢＱなどですね）を一緒に楽しめる世代になって来ています。むしろ、現在四十代の自分たちが若かったときの方が、付き合いが良くなかったのではないかとさえ感じられます。断られたら……と変に怖れることなく、思い切って誘ってみることをお勧めします。

さて、話をまとめます。自分の学級の子どもたちに対して、このタイプは可愛がるけどこのタイプは可愛がらないという教師はいないはずです。社会人なんだから……と変に厳しい目をもたずに、若者たちを正面から可愛がってみてください。間違いなく、現在の若者たちはすくすくと育っていきます。

# 03 自らを発展途上人と意識する

□四十代は教師としての仕事はある程度まわせる状態になっている。

□しかし、主任クラスの役職に就いたら後続世代を育てることも重要な仕事である。

□しかも、自分以上の人材を育てるという意識をもちたい。

□後続世代に妙な偏見をもたず、自分にないものは積極的に学ぼうというくらいの姿勢が欲しい。

□自らを発展途上人と自覚する者だけが教職の業を自覚できる。

学級担任の力量はどんな学級をつくったかではなく、どんなふうに子どもたちが育ったかで測られる。どんなに一生懸命に仕事をしても、どんなに愛情をもって子どもたちに接したとしても、子どもたちが育っていなければその教師の力量が高いとは言えない。

この原理に反対する方はいないでしょう。その担任が受け持っている間は良い学級なのに、学年が上がって別の担任が受け持ったら荒れてしまう。子どもたちはその担任だからついて行ったのであり、子どもたちが育っていたわけではない。ネタ開発を得意としたりパフォーマンスを得意としたりする教師に多く見られる現象です。

学級づくりならこの原理が納得できるのに、職員室にこの原理を持ち込む人はまずいません。私はそれが不思議でならないのです。学年主任として仕事をしたら、その学年をどのように運営したかはもちろん大切です。しかし、副主任の先生に次の年度に学年主任として仕事のできる力量をつけたか、中堅的な先生方に学年運営に大きく貢献するような力量をつけたか、こういうことがもう少し評価観点として意識されても良いのではないか。

教務主任として仕事をすれば、次の教務主任を育てなければならないし、生徒指導主事として仕事をすれば次の生徒指導主事を育てなければなりません。それも自分と同じやり方を踏襲するだけの人間ではなく、自分にできなかったこと、自分が気づかなかったことにちゃんと取り組んでくれる、自分以上の人材を育てた者こそが評価されるべきなのです。

副主任は一般的に、自分よりすぐ下の世代、年代でいえば三十代後半が最も多いはずです。その年代の人たちは、まだまだ自分は前線で子どもと関わることが仕事であると感じているものです。学校経営・学校運営に自分が関わっているという意識もまだ強くありません。ですから、管理職の方針と異なることに一生懸命になったり、独善的な視点で大きな失敗をしてみたりといったことが少なくありません。そんなとき、管理職の側だけに立って批判するのではなく、その後輩の側だけに立って擁護するのでもなく、管理職の思いとその後輩の思いとを調整しながら、基本的には後輩のフォローを旨とする……四十代にはそんな姿勢が必要となります。学校の運営が揺らぐようなことをしてはいけませんが、前向きに取り組む後輩のやる気を削ぐようなことをしてもいけません。管理職は学校運営に責任をもっているわけですから、自分の主張を絶対に曲げるわけにはいかないでしょう。間に入って調整し、その後輩に管理職の意図を話して聞かせるのも、裏で管理職にその後輩への期待を語るのも、やはり四十代の役目なのです。

ところが、四十代は自分が仕事にそれなりの自信をもち、校内でもそれなりに仕事の段取りをつける位置にいるものですから、それに反する動きをする中堅教師を批判したり蔑ろにしたりすることが決して少なくありません。自分が教務系の仕事を得意としていれば教務系の仕事を得意とする後輩ばかりに目をかけ、自分が生徒指導系の仕事を得意としていれば生徒指導系の仕事を得意とする中堅・若手ばかりを評価する。意識しているいないにかかわらずそんな例も多く見られます。しかし、人を育てるということは自分と似た人に目をかけることではないのです。それは寵愛であって育成ではありません。それでは学級経営において優等生ばかりを可愛がったり、やんちゃ系ばかりを可愛がったりするのと同じです。四十代になったら、職員室においてどんなタイプの後輩でも育てるという姿勢をもちたいものです。そうした姿勢はどんな教師のタイプも否定せず、自分にないものをもっている後輩からは〝自分自身が学ぼう〟くらいの心持ちになることから始まります。

もう少し辛辣に言えば、四十代というのは先の見える年代です。自分はここまでだな、自分はこの程度だなと、残り十数年の自分の教員人生が見えてきます。自分のゴールが見え始めたとき、人は自分の現在を変えるとか、更なる成長を求めるとか、そうした前向きな姿勢を失いがちです。自らの現在をある種の〈完成形〉と捉えてしまいます。しかし、完成し変容を拒む者に、実は若い人は魅力を感じないのです。その人の言うことを素直に聞こうとは思わないのです。四十代の敵は何といっても「自らを発展途上人と位置づける謙虚さの喪失」と言えるでしょう。

多賀一郎先生がこんなことを言っているのを聞いたことがあります。

「五十代になってみてわかったんだけど、五十代になってからの授業ってのはおもしろいもんだよ。みんな管理職になったり、もうゴールが見えて工夫しなくなったりして意識していないんだけど、子どもたちから見ておじいちゃんになったからこそできる授業の工夫、できる実践の工夫ってのが確かにあるんだ。」

四十代になっても五十代になっても自らを完成形などと捉えず、変容を拒まずに「発展途上人」として自らを位置づけるということはおそらくこうした境地を言うのです。私もまだ四十代ですから、自分の経験から言うことはできませんが、還暦を間近に控えた多賀一郎の言に、私はある種の神々しささえ感じたものです。自らが成長の渦中にあるとの自覚をもつ者だけが、より良く人を育てることができるのです。それは、決して職員室の同僚を育てることのみならず、子どもたちを育てることにも間違いなく言えるはずなのです。

「四十にして惑わず」とは孔子の時代のこと。「もっともっと」という貪欲さや「ああなりたいこうなりたい」という憧れをまだまだもっていたいものです。そう。貪欲さや憧れとは〈発展途上人〉のものなのです。

# CHAPTER 2
# フォロワーとしての自覚をもつ

## プロローグ

この章では，「フォロワーとしての 40 代」について述べていきます。学校には誰にも見えているわけではないけれど大切な「隙間仕事」がたくさんあります。誰かがこなさなければ，学校がうまくまわっていきません。それらをバランスよくこなしながら，若手のウィークポイントも埋めていく。そんな成熟した仕事が求められます。

# 01 隙間仕事を意識する

□「おとな」とはどこにも所属しない仕事を自分の仕事だと思う人であり、「子ども」とはそれを自分の仕事ではないと思う人である。

□学校には隙間仕事がたくさんある。四十代は隙間を埋めるのが他人ではなく自分であると思わなければならない年代と言える。

□実は自己顕示欲を抑えながら、隙間仕事に淡々と取り組めるような人ほど力量が高い。それが四十代に必要な力量である。

内田樹がこの国に「おとな」が少なくなり「こども」ばかりになったと嘆いています。「こども」とはシステムの保全は「みんなの仕事」だから「自分の仕事」じゃないと思う人のこと、「おとな」とはシステムの保全は「みんなの仕事」だから「自分の仕事」だと思う人のこと、そう定義してもいます。つまり、道端に空き缶が落ちていた場合、それは誰かが拾えば良いのだから自分が拾わなくても良いと思うのが「子ども」、ああ、まったくこんなところに空き缶捨てて……と自分で拾ってくずかごに捨てるのが「おとな」です。「おい、なんとかしろよ」と怒鳴るだけの人と、「はいはい、私がやっておきますよ」という人の違いという言い方もしています。（『街場の共同体論』潮出版社・二〇一四年六月）

おそらく四十代に必要な特質を一つだけ挙げろと言われたら、この「おとな」になることなのだろうと思います。三十代の若い先生方は「おい、なんとかしろよ」と怒鳴りはしませんが、自分の働きにくさを呑み会で愚痴りはします。それが管理職や頭の固い主任クラスのせいだとも感じています。働きやすい環境を調えてくれれば良いのにと思ってはいるのですが、どうすれば働きやすい環境ができるかにまでは多くの三十代は考えが及びません。また、二十代のもっと若い先生方は仕事を覚えるのに精一杯で、とても職員室のシステム保全にまでは頭が働きません。むしろ職員室や学校システムの環境保全に目を向ける二十代がいたら気持ち悪いでしょう（笑）。

学校にはいわゆる〈隙間仕事〉がたくさんあります。仕事全体の二割くらいは私は〈隙間仕事〉なのではないかと感じています。しかも、誰かが〈隙間〉を埋めないと仕事全体の六〜八割くらいはその影響で滞ってしまう、そんなイメージさえ抱きます。〈隙間仕事〉を誰もやらなくても成立する仕事というのは、形を整えるタイプの事務仕事くらいでしょう。その意味では、四十代が「おとな」にならなければ、学校は立ち行かないのかも知れません。

しかし、内田樹の言うような〝空き缶を拾う〟に代表される誰でもできる〈隙間仕事〉なら良いのですが、学校の構造はいまやなかなか複雑で、〈隙間仕事〉もそれに伴って複雑化している現状があります。現在の〈隙間仕事〉はかつてのような掃除や雪かき、けんかの仲裁のようなある程度の年長者であれば誰でもできるという類のものではなくなってきているのです。ここに「おとなになろう」と単純に言えば済むとならない、深刻な問題があります。

現在、職員室で完全に合意形成されているのは、他の先生に迷惑をかけずに学級を運営しようということだけなのではないかと私は感じています。学級を荒らしてしまったり甚大な保護者クレームを受けたりして他の先生の力を借りなければならない状況をつくってしまったら、確かに担任に責任があると見なされます。その他は、職員室の誰もに「見える仕事」については校務分掌で割り当てられ、それ以外の「誰もに見えているわけではないけれど大切な仕事」についてはすべてが〈隙間仕事〉になります。

例えば、校務パソコンのメンテナンス。これがシステム不良を起こしたら「おい、なんとかしろよ」の嵐になります。例えば、PTA懇親会の余興。多くの場合誰もやりたがらず、PTAの担当者ができそうな人に頭を下げてやってもらうということになります。こういうのが〈隙間仕事〉の代表です。

しかも、〈隙間仕事〉はやりすぎてはいけないという特徴ももっています。欠勤した先生の代理に入るという学校を代表する〈隙間仕事〉がありますが、そこに自己顕示欲の強い先生が入ると、自分が得意の学習ゲームなんかで子どもたちを一気に惹き付けてしまい、もともとの担任が戻ってきたときにやりづらくなるなんてことがよく起こります。代理に入るということは、いつもの担任の授業を引き継いで淡々とやれる、その力量のある先生でないとほんとうはできない〈隙間仕事〉なのだということです。

〈隙間仕事〉が「おとな」にしかできないということはそういうことなのです。

# 02 〈成長〉より〈成熟〉を目指す

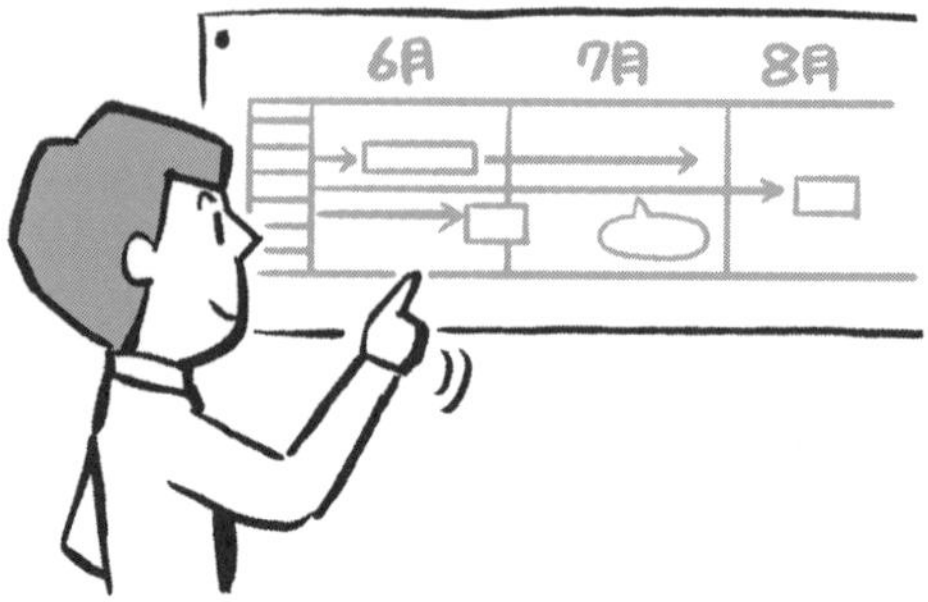


□四十代は成長よりも成熟を目指さなければならない。

□成長とは「できること」を増やしていくことだが、成熟とは「できないこと」を的確に把握しながら確実に仕事を進めていくことを指す。

□新しいアイディアを出すこと以上に、一つひとつの仕事をちゃんと機能させることが求められる。

□職員会議で「あの人が言うなら仕方ない」と思ってもらえるような人になりたい。

四十代には〈成熟〉が求められます。〈成長〉ではありません。あくまでも〈成熟〉です。

このように言うと、「じゃあ、〈成熟〉と〈成長〉はどう違うんだ、説明してみろ」ということになるわけですが、残念ながら私もうまく説明できません。しかし、敢えて説明しようと試みるなら、〈成長〉とは〈できること〉を増やしていくこと、〈成熟〉とは〈できないこと〉を意識しながら〈確実にできること〉を実行していくことと言えるかも知れません。前者はがむしゃらに進むことがあり得ますが、後者は確実に機能させることを重視する、そんな違いがあるように思います。

例えば、職員会議である提案がなされたとします。〈成長人〉はその提案が実現したときのメリットを考えます。〈成熟人〉はメリットはもちろん考えるのですが、デメリットを考えることにより多くの労力をかけ、メリットとデメリットを比較しながらその提案を値踏みします。〈成長人〉を理想主義者、〈成熟人〉を現実主義者と呼ぶこともできるでしょうし、〈成長人〉は原理主義的であり、〈成熟人〉は機能主義的であるという言い方もできるでしょう。いずれにせよ、〈成長人〉はひた走る快活な人間に見えますし、〈成熟人〉は落ち着いた慎重な人間に見えます。

ただし、〈成熟人〉とは、この国の年配者によくいる何でも取り敢えず時期尚早と先送りする先送り主義者とは違います。先送り主義者はいまこの瞬間に揉めることを避けているのであって、現実に何かを機能させようとしているわけではありません。そうではなく〈成熟人〉は何かが提案されたときに、それをちゃんと機能させるためにどういうデメリットがあるかをよく考え、そのデメリットを取り除くにはどのような手立てとセットで行えば良いのかを考え、実行する段階に至るまでにはどのくらいの時間と労力とお金がかかるのかを考え、取り敢えず今回は先送りしながらも、提案者のモチベーションを下げないために取るべき手立てを考え……と、こういうことを考えられる人のことを言います。これだけ言えば、〈成熟人〉が先送り主義者とはどれだけ異なる生態をもっているかがおわかりになるかと思います。

四十代には、こうした意味で〈成熟〉が求められるのだということです。

さて、職員室には少しでも自分に〈できること〉を増やしたいと思う〈成長人〉がたくさんいます。彼らは理想に燃えて、職員会議を初めとする各種会議においてさまざまな提案をしてきます。そうした提案に反対するのではなく、メリット・デメリットを比較して少しでもメリットが大きいと判断すれば、即座にそれを実現する手立てを考える。それが四十代の仕事の在り方です。

ときにはその提案のデメリットを指摘するとともに、そのデメリットを最小限にするための手立てとセットにした修正案を提案し返す。ときにはその提案の早急な実現にどのようなデメリットがあるかを指摘するとともに、いつまでにどのようなプランでそれを実現していくべきなのかを提案し返す。ときにはその提案が多くの反対に遭ったときに提案した若者に同じ目的を達成するための別のアイディアを提案し返す。常にこういう動きをしている先輩教師がときに若手・中堅の提案に反対したとしても、彼らは〝○○先生が反対するのなら仕方ない〟と納得するものです。もちろん、その反対の理由については公の場では大枠を、また裏では個人的に細かく、彼らが納得するまで説明してあげなければなりません。

職員会議は必ずしも正しいことが通るとは限りません。正しさなどというものは人それぞれです。それどころか、時代や状況が変われば正しさもまた変わってしまうのが世の中なのです。そのときには正しいと思ったことが後に正反対の評価を受けることはいくらでもあります。正しさは歴史が決めるのです。

職員会議は何が正しいかで決まるのではなく、誰が言ったかで決まります。そして提案を通せるその「誰か」、それは誰もが〈成熟人〉と認めている人なのです。

# 03 若者のウィークポイントを埋める

□「最近の若者は……」と若者を一括りに評価する人が多いが、若者たちは「一般的な若者」なのではなく、具体的な一人ひとりである。

□若者たちを育てようと思えば、一人ひとりの意欲と特性を把握しなければ始まらない。

□そのためには若者たち一人ひとりがどういう教師人生をイメージしているかを理解するとともに、一人ひとりに適した仕事を与える必要がある。

最近の若者は○○である。

この○○にあなたならば何を入れますか？

あなたがすぐに○○を埋められたとしたら、そして○○に否定的なワードを入れたとしたら、あなたが「最近の若者は……」とふだんから愚痴っていることを意味するかも知れません。最近の若者に対して大きな括りで否定的な眼差しを向けていることを意味しています。そんなふうに括られる若者たちこそ不幸です。

ためしにあなたと同世代の同僚を思い浮かべてみましょう。その人とあなたの共通点をあなたは幾つ挙げられますか？　その人とひと括りにされることをあなたは望みますか？　きっと同世代の同僚のなかにも一緒にされたくない教師がいるのではありませんか？　あんなやつと一緒にするな……と言いたくなる同僚がいるのではありませんか？　世の中には、年齢が上がってくると、自分より若い世代に対してひと括りにしたい衝動に駆られる人がけっこういるようです。しかし、あなたの世代が具体的な堀さんと齋藤さんであるように、若い世代だって具体的な佐久間くんと新里くんなのであって、佐久間くんと新里くんをひと括りに評価することなんてできるはずがないのです。そう。原くんだって中島くんだって安井くんだって……（ちなみにいま挙げた名前はすべて私の同僚です・笑）。

なるほどオレ（私）は若者たちをひと括りにしてたかも……と思ったあなた、もしかしたらあなたは子どもたちに対してもそういう括り方をしているかも知れないので、そちらの方も省みた方が良いかも知れません。「あの子はＡＤＨＤだから」なんて言葉で子どもたちの問題行動を片付けていませんか？　たとえ診断を受けていたとしても、その診断名はせいぜいカテゴリーを表しているだけであって、ＡＤＨＤだから同じ対応をすれば良いというものでは決してないのです。あくまでもその子は具体的なＡくんと具体的なＢさんであって、ＡくんにもＢさんにもそれぞれに合った指導の仕方、支援の仕方があるのです。日常の忙しさに紛れて、人はこうした当然のことを忘れてしまいます。

さて、あなたは自分の学校の若手が、どのような将来像、教師像を抱いて毎日の仕事に取り組んでいるか知っているでしょうか。それを知らないとしたら、あなたにはもうその若者をフォローする資格がないかも知れません。その若者たちと日常的にコミュニケーションを取っていないことを意味しますから。そして、フォローする資格がないということは、私のなかでは四十代としては失格であることを意味するのです。

私の学年に佐久間くんという英語教師がいます。教職三年目。大学時代は体操部でした。彼は将来、生徒指導のできる教師になりたいと思っています。生徒指導のできる教師と言ってもいろいろあるわけですが、彼のなかでは子どもたちとコミュニケーションを図りながら教師として生きていくという程度のイメージしかなく、規律訓練型の先生方を的確に動かしながら生徒指導をしていく教師なのか、カウンセリングマインドを旨として個人的に教育相談をしながら包み込んでいく教師なのか、そうしたイメージさえ抱いていないようです。私から見ると、佐久間くんは人間関係の機微に疎いところがありますから生徒指導には向きません。だから私は彼には教務系の仕事をたくさん与えています。現在は道徳・学活・総合の仕事を担っていますが、二十代のうちに時間割の仕事を覚えることを勧めています。こうした仕事を緻密にできるようにならない限りは、人間関係の機微に配慮しなければならない生徒指導の仕事は難しいだろうと思うからです。

新里くんは理科教師です。こちらは教職二年目。大学院を修了しての二年目ですから、佐久間くんよりは一つ年上です。彼は実践研究が大好きで、将来像も教務・研究系の教師像を抱いているようです。私も基本的にはそれが彼に向いていると感じています。ただ、実は私も実践研究大好き教師なのですが、好きな研究ばかりやっていて「研究屋」と揶揄される教師をたくさん見てきた身としては、新里くんをそういう教師にはしたくありません。それで彼には学年の問題傾向生徒にたくさん関わらせ、保護者とも毎日のように電話連絡しなければならないようなポジションに就かせています。新里くんは毎日いろいろなことに悩みながらも、日々、誠実にそれらの仕事に取り組んでいます。

私の言いたいことがおわかりでしょうか。若者というものは、その若者がどんな教師になりたいと考えているのかを把握し、育てる側がその教師の特性を把握する、しかもその若者が抱く教師像を目指して進んでいったときに一般的にどんなネガティヴ事案が起こるのかまで踏まえて、足りないところを経験的に補っていけるように仕向ける、そうしないと育たないのです。もちろん人間というものは「化ける」ことがあります。私の見立てを超えて、彼らが大化けすることだってあり得るでしょう。しかし、たとえ大化けしたとしても、彼らの教員人生にとって道徳・学活・総合や時間割、問題傾向生徒の対応や保護者とのこまめな連絡といった経験がマイナスになることはないはずです。

要するに、若者を育てるということは、その育てられる側の希望と、育てる側の見立ての関数なのだということです。若者の希望だけを優先しても、こちら側の見立てだけを優先しても、どちらかを無視すればバランスを失います。その具体的な若者にとって、将来ウィークポイントになりそうな領域を的確に判断し、自分の管理下にいる間にそのウィークポイントを少しでも埋めてあげる、育てる側にそうした発想が必要なのです。

# CHAPTER 3
# メッタメタにメタ認知する

## プロローグ

この章では，「自分自身のメタ認知」について述べていきます。40代になると○○主任といった地位や立場を得，仕事を進めることも増えてきます。その際，自分に足りない力をもっている先生の力を借りる，などが必要になってきます。それには，まず自分が何が得意か，何ができるかの分析・吟味が必要になってきます。

01

# 知識が思考に広がりと深まりをもたらす

□アクティブ・ラーニングが話題を集めているが、アクティブ・ラーニングを知るためには次期指導要領だけに目を向けていてはいけない。

□現行指導要領との関連、戦後の指導要領の変遷との関連、もっと広く学校教育制度が始まった目的との関連など、想定範囲を広げれば広げるほどその理解は豊かになる。

□知識を侮ってはならない。知識が思考に広がりと深まりをもたらすのだ。

現在、文科省は次の学習指導要領に向けてさまざまな提案を始めています。例えば、アクティブ・ラーニングを例に考えてみましょう。

アクティブ・ラーニングはおそらく次期学習指導要領の目玉になると目されていますが、この流れに乗ってアクティブ・ラーニングの書籍が次々に刊行されています。それらを手にとって勉強することはもちろん大切なことです。

しかし、それは現行要領ができる過程で提示された「言葉の力」や「言語活動」とどのような関係を結ぶのでしょうか。或いは前要領で提示された「総合的な学習の時間の創設」や「選択履修枠の拡大」とどのような思想的なつながりをもっているのでしょうか。その前の要領の「新学力観」との相関はどうでしょう。四十代はこのあたりまではリアルタイムに経験している人が多いので、このような九〇年代の学習指導要領までは視野に入れて考えることができるのではないでしょうか。

次期要領について試行錯誤するにあたって、現行要領と次期要領の範囲内でしか実感的には捉えられない若手教師よりも、四十代はかなり広くここ三十年近い教育思潮を視野に入れて考えることができます。その意味では、四十代は若手教師よりも広く深くアクティブ・ラーニングについて思考することができると言えるでしょう。

しかし、もしも戦後の学習指導要領の変遷について学生時代に深く学び、昭和二十年代の「新教育」以来の学習指導要領における経験主義教育と系統主義教育の綱引きの歴史を知っているならば、ここ三十年前後の変遷しか知らない人とは比べ物にならないほどにアクティブ・ラーニングについて深く思考できるはずです。特に経験主義教育を基調とした昭和二十二年版がどのような批判を浴びて短命に終わったのかを知れば、より良いアクティブ・ラーニングを考えるうえでは大きく参考になるはずでもあります。

さて、あなたは学校教育がどういう経緯で成立したかをご存知でしょうか。学校教育は明治政府のもと、富国強兵・殖産興業政策の一環として、工場で黙って働く労働者をつくるために生まれたという側面があります。つまり、学校教育は国民に「産業的身体」（『教育幻想』菅野仁・ちくまプリマー新書）をつくるために生まれたのです。工場で良い労働者として働くためには時間通りに出勤し、集団の規律を守ることが身体的に身についている必要があります。そうでなければ工場の生産性は上がりません。

実は近世までの庶民は農業を中心に労働していました。菅野仁によれば、農業は日の出とともに労働が始まり日の入りとともに労働を終えます。毎日決まった時間に働き始め、決まった時間に働き終わっていたわけではなかったのです。また、近世までは農作業をしながら雑談をしたり歌を歌ったりすることも日常のことだったといいます。つまり明治政府は学校教育によって、時間割通りに動き雑談しないで労働に集中するという「産業的身体」の育成を目指したのだということです。それほど当時の工場管理者は私語をさせずに仕事に専念させることに苦労していたのだということでもあります。

さて、この経緯を知っているだけで、アクティブ・ラーニングに対する見方が大きく変わらないでしょうか。アクティブ・ラーニングと言えば、どうしても欧米から導入された教育思潮というイメージを抱きますが、それに対置される日本的な一斉授業の在り方というのは実はここ百数十年の国家政策によって出来上がったものに過ぎないのだということです。とすれば、もしかしたら、アクティブ・ラーニングは本来の日本人のもっている特性に実は合致するのかも知れない。そういう想像さえ可能なのです。

私は別にアクティブ・ラーニングに対するこうした考え方自体を推奨しているわけではありません。ただ、知識をもっているということは何か新しいことを思考しようとする場合に、これだけの広がりと深まりをもたらすのだということを言いたいのです。一般に年齢を重ね経験年数を重ねると、教師は新しい知識を求めずに経験則だけで判断しようとするようになります。私の言いたいのはそれではいけないということなのです。

# 02 ヒドゥン・カリキュラムを意識する

□フェミニズムの男女別名簿批判はヒドゥン・カリキュラムの問題を呈した。

□ヒドゥン・カリキュラムとは、教師が意図も意識もせずに結果的に教えてしまっている指導事項のことである。

□教師が意図も意識もしていないので、教育活動の至るところにその事例が見られる現実がある。

□ヒドゥン・カリキュラムは教育活動を機能させせない一番の要因となっているので、常に点検し続けることが必要である。

男女混合名簿が大きな話題となった時代がありました。フェミニズムの方々からの批判が要因でした。出席番号の先に男子、後に女子という呼ばれ方を小・中・高と十二年も続けられると、無意識的に男子優先という規範が身につけられてしまうのではないか、というのがその要諦です。現在、男女混合名簿はかなり少なくなりましたが、もしこれが普及していたらと思うとゾッとします。身体測定や体育行事など、男女を分けて運営しなければならないものが学校にはたくさんありますから、男女混合名簿が採用されていたらそれらの行事における私たちの事務作業は三割増し程度にはなっていたことでしょう。

さて、男女混合名簿は現実的な理由から一部地域を除いて大枠では不採用の流れになりましたが、フェミニズムの方々が提起した「出席番号の先に男子、後に女子という呼ばれ方を小・中・高と十二年も続けられると、無意識的に男子優先という規範が身につけられてしまうのではないか」という論理の立て方は、学校教育を考えるにあたって大きな問題提起となりました。このことから〈ヒドゥン・カリキュラム〉が、つまり〈隠されたカリキュラム〉という問題が教育界に大きく提起されたからです。

〈ヒドゥン・カリキュラム〉とは、教師が日常的に意識せずに結果として教えてしまっている指導事項とでも言うべきものです。教師は日常的に男女別の名簿を使い、出席番号最初が男子、男子が全員終わってから女子という整理の仕方を行っているわけですが、これを「子どもたちに男子優先の規範を無意識的に植え付けよう」などと意識しながらやっている教師は皆無でしょう。しかし、フェミニズムの方々が指摘するように、これが実質的な義務教育に近い形になっている高校まで十二年間も続けられたら、なんとなく男子が先なのだという雰囲気がこの国に無意識的に醸成されたとしても不思議はありません。

実は学校教育には、このような教師が意図も意識もしないままに結果的に教えることになってしまっている事柄がたくさんあるのではないか。そういう指摘が教育哲学の世界から大々的になされるようになりました。

例えば、私たちは授業中に意見を求めてある子を指名します。しかし、その子は指名されたのに黙っています。教師はしばらくその子が発言するのを待っていますが、もうこれ以上待ってもこの子に切ない思いをさせるだけだなと判断して次の子を指名します。

「あとでもう一度当てるから、ちゃんと考えておくんだよ。じゃあ、○○くん。」

授業中によく見られる現象です。しかし、この行為は、実は「授業中に当てられても少しの時間我慢して黙っていれば、先生は次の子へと指名を移すものだ」ということを教えてはいないでしょうか。もちろん、教師はそんなことを教えようとは意図も意識もしていないのですが、結果的にこうしたことを教えてしまっているのではないでしょうか。しかも、あとでもう一度当てると言ったにもかかわらず、授業時間が足りなくなって後半が急ぎ足になってしまった結果、教師がその子に再び当てることを怠ってしまったとしたらどうなるでしょう。「ああ、先生が授業中に何気なく後回しにしたものは、先生の都合によってなきものになることが多い」ということを教えてしまうことにならないでしょうか。

これが〈ヒドゥン・カリキュラム〉なのです。

日常的に口では「掃除をきちんと」と言っているのに、先生は掃除時間に生徒指導をして教室を空けたり、教卓で何か事務仕事をしていることがある。実は先生は掃除をそれほど大切だとは思っていないのだ。こんなこともあるでしょう。

四月に学級通信を毎週出すと言ったのに秋にはその周期がくずれてしまった。四月にくじ引きでの席替えはしないと宣言したのに、秋にはくじ引きで行うようになった。ああ、四月の約束事は変更可能なんだな……。こんなこともあるかも知れません。

〈ヒドゥン・カリキュラム〉と同じ構造は学級経営ばかりでなく、職員室運営においてもあり得ます。学年主任や教務主任として仕事をするとき、一度宣言したことを年度途中に緩めてしまうことは、仕事を機能させない最大の要因にもなるということです。

# 03 職員室カーストを意識する

- □ここ数年、スクールカーストが大きな話題となっているが、職員室にも同様の階級はある。
- □職員室カーストは地位や役職とは関係なく、教師の人間としての成熟度合いによって階級化される現実がある。
- □成熟度合いを測る指標としてはコミュニケーション能力が用いられる。
- □コミュニケーション能力とは、自己主張力、共感力、同調力の総和である。
- □コミュニケーション能力を身につけたい。

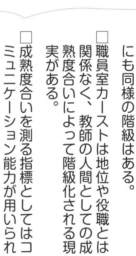

スクールカーストが話題になって数年が経過しています。いまでは既にかなり普及した言葉になっていますからご存知の方も多いと思いますが、スクールカーストとは児童生徒集団のなかに無意識的に巣くう階層意識のことです。私がスクールカーストという言葉を知ったのは森口朗さんの『いじめの構造』（新潮社・二〇〇七）でしたが、以来私はずーっと〈職員室カースト〉について考えています。

当然のことながら〈職員室カースト〉の最上位は校長とは限りません。むしろ校長がカーストの最上位にいて学校運営をトップダウンで進めていたら、きっと学校のさまざまなところに軋みが出るに違いありません。それは市長の方針で学校をトップダウンで運営しようとし、民間人校長を多く導入してさまざまな問題を引き起こしているある大都市を見ればよくわかるはずです。教頭が包み込むようなタイプでカーストトップにいるのが理想なのかも知れませんが、そういうキャラクターの教頭も滅多にいません。私の二十数年の経験でもそういう教頭は一人しか出会ったことがありません。多くの場合、教頭というのは四十代後半から五十代前半、職員を包み込むようなキャラクターにはまだまだ成熟の度合いが足りない年代です。私は原理的に無理なのだろうと感じています。

〈職員室カースト〉は地位では決まりません。ですから、必ずしも校長や教頭のカーストが高いということもありませんし、各学年のカースト最上位者が学年主任であるとも限りません。ですから、地位のないヒラ教員が「この学校は○○さんが支えている」という評判になることもありますし、中堅の生徒指導を得意としている教師が「あの学年は○○さんあっての学年だ」という評価を受けることも当然あり得るわけです。

では、〈職員室カースト〉はどのように決まるのでしょうか。それはおそらく、森口さんがスクールカーストの分析で施したのと同じように、〈コミュニケーション能力〉で決まるのだろうと思います。〈コミュニケーション能力〉とは、〈自己主張力〉〈共感力〉〈同調力〉の総和で量られます。私は〈コミュニケーション能力〉とは、実は「人間性」とか「徳」とかといったものに近い概念なのではないかと感じています。

〈自己主張力〉とは自分の意見をしっかりと言えるということです。いくら円滑なコミュニケーションを重視し、人間関係に軋轢を生じさせないことを重視するのが日本人の特徴と言っても、事は仕事ですから言うべきことを言わない人はカーストが高くはなりません。しかも、最近は旧態依然と揶揄される学校でさえ、世の中の動きに合わせて毎年のようにシステム変更・システム調整を求められる時代ですから、それに対応するアイディアを主張することは頼り甲斐のある教師の絶対条件とも言えます。

〈共感力〉とは思いやりをもっていたり周りに優しかったりといった資質です。自らの正しさだけを主張して猪突猛進に突き進むのでなく、その企画を進めていくにあたって周りの人たちに配慮しながら、みんなが困らない形で進めていける力です。この資質をもたずに〈自己主張力〉だけでぐいぐい仕事を進めていくタイプは周りから怖れられ、上司に評価されることはあっても職員室で信頼されることはあり得ません。それはそうです。周りの先生方から見れば、この人の提案に従えばどんな面倒なことをやらされることになるかわからないわけですから。そんな人に信頼を寄せろという方が無理な話です。

〈同調力〉とは周りの先生方のノリに合わせられる、いわば「ユーモアを解する力」といえばわかりやすいかも知れません。〈自己主張力〉があり〈共感力〉もあるという先生は確かに尊敬されます。しかし、真面目とか誠実とかいった評価は受けられるものの、一緒にいたい、一緒に仕事をしたいと思ってはもらえないものです。周りの同僚たちと的確にいじったり適切にいじられたり、そうした関係を結べる教師がやはり衆目を集めるのです。〈同調力〉が高いということは、ユーモアの質には世代差がありますから、「自分だけのユーモア」ではなく、それぞれの世代に応じた「相手のユーモアの質」を理解するという資質をもっていることをも意味します。そうした意味では、〈共感力〉は周りのネガティヴな感情を理解し調整する力、

〈同調力〉の方は周りのポジティヴな感情を理解し調整する力とも言えるかも知れません。

こうして考えてみると、すべての管理職がこれら三つの力を総合的にもっているわけがありませんし、主任クラスがもっているわけでもないということがわかるはずです。一般に年齢が高くなれば〈共感力〉が高くなる傾向はありますが、若いからといって〈自己主張力〉や〈同調力〉が弱いということも言えません。むしろ〈同調力〉をもっている人というのは、子どもの頃からそういう力を発揮し高めてきたという側面があります。担任教師が子どもより〈同調力〉が低いという事例は世の中にたくさんあるはずです。

四十代になると学年主任になったり生徒指導主事になったり教務主任になったりといった地位や立場を得ることが多くなります。それぞれの立場で仕事を進めていく場合に、地位や立場を笠に着てトップダウンで仕事を進めようとするのではなく、自分が〈自己主張力〉〈共感力〉〈同調力〉のどの力に優れているのかという自己キャラクターをよく分析・吟味し、自分に足りない力をもっている若手・中堅に信頼を寄せながら、言葉は悪いのですが「使いこなす」という視点が必要になるのです。こうした視座で仕事を進めていける人こそ、実は〈職員室カースト〉が高くなっていくのです。

# CHAPTER 4
# 年下の論者から意識的に学ぶ

## プロローグ

この章では，「若い世代との交流・学び」について述べていきます。40 代になると，年上の人が減り，年下の人が増えていきます。とかく年長者になると若い者を下に見がちになりますが，どんどん視野が狭くなっていることを自覚し，意識的に若い世代の「ものの見方」に学ぶことが大切です。それが子どもたちの感覚に近いのですから。

# 01 世代的バイアスを意識する

□人は年齢を重ねると年上の人が減り年下の人が増えていく。

□しかし、人は年下の論者から学ばない傾向をもつ。

□ここ十年を見ても、若い論者に教師にとって必読書と目されるものが多数あるが、年長世代はそれらに目を通さないことが多い。

□年長世代は若い世代の方が子どもたちの感覚に近い世代であることを自覚し、少しでもその感覚を学ぶべきである。

人は年齢を重ねるとともに、年上の人が減り年下の人が増えます。何を当たり前のことを……と思われる向きもあるかもしれませんが、人は年齢を重ねるとこの当然の原理を忘れます。城繁幸やロスジェネ世代論者に見られるような「被害者の立場」の論述が出て、初めて年長者は「うるせえなあ」「めんどくせえなあ」と重い腰を上げ始めます。この国に巣くうメンタリティの最悪の構図の一つです。

人は年上の人間を尊重し年下の人間をなめてかかります。教師ばかりでなく、子どもたちを見ていてもその傾向がありますから、これは世代を超えた普遍的な構造です。しかし、必ずしも年長者が後続の人たちよりも優れているということはありません。これも同じように普遍的な構造なのです。どの世代にも東大生がいて、どの世代からも総理大臣が出るように、どの世代にも優秀な教師は出現するし、優秀でない教師は存在します。

例えば、あなたが若い頃から現在まで、無類の音楽好きだったとします。中学生・高校生の頃は何か新しいミュージシャンがいないかとアンテナを張り巡らしていました。しかし、三十代になり四十代になったいま、青春期に好きだったミュージシャンの新譜は追うものの、若い世代のミュージシャンを追うことはない。そんなふうになっていないでしょうか。

例えば、あなたが若い頃から現在まで、無類の小説好きだったとしましょう。高校・大学、二十代あたりまでは芥川賞作品は必ず目を通すことにしていた。でも、三十代になった頃からどうも芥川賞作品に共感できないことが多くなってきた。そんなふうになってないでしょうか。具体的な例を挙げるなら、あなたは二〇〇四年に芥川賞を獲った綿谷りさの『蹴りたい背中』と金原ひとみの『蛇にピアス』を本気で読みましたか。私は綿谷りさの『インストール』という作品は文学史に残る名作だと考えています。

もう一つ例を挙げましょう。

宮台真司という社会学者がいます。九〇年代に活躍した、読者に社会学という学問にフィールドワークのイメージを植え付けた社会学者です。『制服少女たちの選択』（講談社・一九九四）を初めとする著作で援助交際ブームを巻き起こしたあの社会学者ですね。オウム真理教事件を契機に時代の機運を分析した『終わりなき日常を生きろ』（筑摩書房）は時代のキーワードにもなりました。現在の四十代は割と夢中になって読んだ方が多いはずです。

しかし、鈴木謙介はどうでしょうか。二〇〇五年に三十そこそこで『カーニヴァル化する社会』（講談社）という傑作を著した社会学者です。古市憲寿はどうでしょうか。二〇一一年に『絶望の国の幸福な若者たち』（講談社）で各社の成人の日の社説を批判し、二〇一二年の成人の日の社説の論調を変えさせてしまった新進気鋭です。彼は一九八五年生まれですから、『絶望の国の……』は二十代半ばの著作ということになります。私は『カーニヴァル化する社会』も『絶望の国の幸福な若者たち』も、少なくとも出版時においては教師にとっては必読書であったと感じています。

そろそろ私の言いたいことがおわかりでしょうか。

言うまでもなく、人は年齢を重ねるとともに年上が減り年下が増えるわけですが、それとともに目を通す論者の数も減っていく傾向があるのです。しかも私たち教師は時代の風を胸いっぱいに浴びている子どもたちを毎日相手にしているにもかかわらず、その時代の風を受けて登場した若手論者の見解には興味を抱かない傾向があるのです。これは果たして、より良い教師の姿勢と言えるでしょうか。

教師は若い世代の論者からこそ意識的に学ぶべき職業なのです。次々に現れる後続世代から学び続けなければ、実は子ども理解などできないのです。同じような世代の論者、自分よりも年上の論者の著作ばかりを読んで「なるほどいまはそういう時代だ」とほくそ笑む視線にはかなりのバイアスがかかっていると自覚しなければなりません。四十代になると、人はどんどん視野が狭くなります。その自覚をもつことこそが必要なのです。

# 02 若手実践者のものの見方を学ぶ

□年長世代は若い世代の書いた教育書も読まない傾向がある。

□正直なところ、若手世代の主張は玉石混淆だが、四十代に比べると想定している未来の長さが異なる。

□若手世代の教育書には、若手世代特有の未来像を前提とした提案がなされている。その多くは四十代が構造的に気づけないものである。

□若手世代の「ものの見方」を学ぶことは四十代にとって武器となる。

同じことが教育書のライター、つまり実践者にも言えます。

現在、若い世代（さすがに二十代はあまりいませんが）の著作が次々に刊行されています。大型書店の教育書コーナーに行くと若い世代の著作であふれています。私もそのなかの何割かには目を通していますが、正直、玉石混淆の感は否めません。

しかし、文学や学術とは異なり、教育実践者の論理には「時代を語る」という視点は欠落しているのが一般的です。学校教育における時代認識というのは教育史と密接に関係しており、若い世代（これは四十代も含めてです）には書きにくいという特徴があります。その意味では、若い世代の書き手から年長者が何かを学ぼうとする場合、教育書においては目的的な観点が必要になります。

前節において、私は「人は年齢を重ねるとともに、年上の人が減り年下の人が増えます」と述べましたが、実は年齢を重ねることにはもう一つ、見過ごしてならない大きな特徴があります。それは年齢を重ねるとともに未来が減って過去が増えるということです。これまた何を当然のことを……と思われるかも知れません。しかし、この視点はものを考えるときにはかなり有効な視点なのです。「未来」という言葉を使うとき、四十代は教育を論じるなら今後二十年を、人生を論じるなら今後四十年をしか考えません。しかし、二十代なら教育を論じるなら今後四十年を、人生を論じるなら今後六十年を想定するのです。この違いには計り知れないものがあります。

例えば、二〇六〇年という年はここ五年ほど、子どもの将来を論じる上で一つの鍵として機能する年になっています。それは国立社会保障・人口問題研究所が今後の出生率の変容予測をもとに二〇六〇年までの人口分布の予測を発表したことによります。それを見ると、二〇六〇年の日本の人口は八六〇〇万人、うち三五〇〇万人が六十五歳以上の高齢者になると推計されています。現在は二〇一〇年のデータで総人口が一億二八〇五万六千人、高齢者が二九四八万四千人ですから、パーセンテージ比較すると高齢者は現在の二三・〇パーセントから四〇・七パーセントまで上昇することになります。ちなみに二〇六〇年の六十五歳は二〇一五年現在二十歳の人たちです。

私は一九六六年生まれですから、二〇六〇年の日本について我が事として真剣に考えようとはどうしても思いません。自分がこの年まで生きている可能性は、少なくとも現在の私のなかではゼロなのです。しかし、現在の二十代、三十代にとってはまだまだ生きている可能性の高い年です。自分が老齢になったとき、この国はどんなカタチをしているのだろうか、少しでも社会に興味を抱いている人ならばそのくらいのことは考えるはずです。私だって二〇五〇年なら考えなくもありません。

さて、若い世代の著作を読んでいて注目すべきは、その世代の人たちがこれからの学校教育の在り方を、或いは子どもたちの将来像をどのように見ているかということです。私は本屋に行ったとき、立ち読みしながらこの学校教育の将来像、子どもたちの未来像を論述の軸に据えている若手の著作は買うことにしています。その内容がどれだけ奇想天外であったとしても、少なくとも本を著す程度の教師が自分のもてる能力を駆使して描いた未来像であるわけですから、それは「読む価値あり」と判断します。そこには私の世代では思いもつかないような予測が述べられているかも知れません。しかし、現在の実践のなかからちょっとした思いつきを並べているに過ぎないと見れば、そこに千数百円を支払うことを惜しみます。

要するに私は、若い世代の「ものの見方」を学ぼうとしているのであって、教育手法を学ぼうとは思っているわけではないわけですね。しかし、新世代の「ものの見方」を学ぶことを、私は旧世代（自分よりも年長の論者たち）の「ものの見方」を学ぶことよりも優先順位としては高く位置づけています。それは前節で述べたのと同じように、その世代よりも更に若い世代を相手に仕事をしている身としては当然のことだと考えているのです。

# 03 若い世代こそが思考革命をもたらす

□人は世代的特質から逃れられない。

□世代の離れた人ほど世界観が異なるので、世代の離れた人たちから学ぶという姿勢をもちたい。

□世代の離れた人と言っても、四十代にとって年長の人たちはリタイアしている。

□その意味では、現在の二十代の感性は学びの対象である。本人たちが意識していないような新世代独自の感性に触れることが、四十代にとってはかえって世界観の広がりをもたらす。

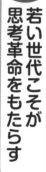

関西に伊藤慶孝くんという若き実践者がいます。中学校の美術教師です。五年ほど前だったと思いますが、あるセミナーで彼と初めてお会いしました。そのセミナーでは私も彼もともに講師という立場でしたから、セミナーの終盤にはシンポジウム形式で一緒に登壇する機会がありました。

そこで私は衝撃を受けました。彼はこう言ったのです。

「教師はきれいごとを言えなければならない」

読者の皆さんにこの衝撃が伝えられるかどうか、甚だ自信がないのですが、取り敢えず説明してみます。

私はそれまでの人生において、「きれいごと」という言葉を肯定的な文脈で聞いたことが実は一度もありませんでした。しかし、伊藤くんは間違いなく、この言葉を肯定的な文脈で用いたのです。眼ヂカラを込めある種の熱意を込めて、集まった百数十人に語ったのです。百数十人の聞き手に指さすほどに力んで語る伊藤くんの映像を、私はいまでもはっきりと思い浮かべることができます。

この瞬間、私の頭がフル回転を始めたのをよく覚えています。自分にない世界観が次々に開けるのを感じました。「教師はきれいごとを言えなければならない」という伊藤くんのたったひと言によって、私の頭のなかでは、私がそれまで二十年近くにわたって積み上げてきた教育実践論の数々を〈きれいごと肯定論〉という基準によって組み替える作業が行われました。要するに体系の組み替えです。パラダイムシフトと言っても良い。そういう作業がめまぐるしく行われたのです。

このときの経験がもとになって、私はその後、たくさんの原稿を書きました。本になったものも一冊や二冊ではありません。伊藤くんのひと言によって、私のなかで新たなコンテンツが、しかも大規模なコンテンツが一つ生まれたのです。

実は私の教師生活においてこれほどのパラダイムシフト、思考革命を起こしてくれたのはたった二人しかいません。野口芳宏先生と伊藤慶孝くんです。しかも野口先生が一年ほどをかけてじわりじわりと私に思考革命を起こしたのとは対照的に、伊藤くんはたったひと言、しかも本人さえそれほど強く意識していないであろう言葉によって私に革命を起こしたのでした。おそらくこの現象は伊藤くんの問題ではなく、私の年代的な構えの問題なのでありタイミングの問題なのでしょう。伊藤くんがこの文章を読んだら、きっと恐縮するに違いありません（笑）。

ただ私が言いたいのは、一人の人間にパラダイムシフトを起こさせるほどの触媒として機能するのは、多くの場合、世代的に離れた人間なのではないかということなのです。

同世代というのは簡単に言えば同じものを見、同じことを経験してきた人たちのことです。そうした共通感覚というものが仕事を機能させる場面というのは確かにあります。例えば二〇〇〇年代の半ばから後半にかけて、私がいわゆるアラフォーだった頃、私の保護者対応はそれほど意識しなくてもうまく行くことが多かったと実感しています。中学生の保護者というのは主にアラフォーですから、保護者と感覚がとても似通っていたのです。同い年の保護者というのもかなりいて、あの頃は保護者との懇親会の二次会でよくカラオケに行き、佐野元春とか大沢誉志幸とかハウンドドッグとかをみんなで歌いながら、ずいぶんと盛り上がったのを覚えています。

同世代というのは一緒にいて心地良いことは確かなのですが、自分に革命的な変化をもたらしてくれるような異質性というものをもってはいません。同じようなものに笑い、同じようなものに腹を立て、同じようなものに感動し、同じようなものを消費してきた経験をもつ、そんな人々に過ぎないわけです。

しかし、世代的に離れた人たちは違います。人間の思考を形づくる根幹のところで異質であることさえ少なくありません。しかも自分の年齢が上がってくるとともに、世代的に離れた年長者はどんどん思考を硬直させていきます。簡単に言えば新しい提案をしなくなるわけです。

提案に深みは出てくるものの、広がりや真新しさは影を潜めます。でも、若手は違います。自分には見えていないものをたくさん見ています。自分がもっていない世界観をたくさんもっています。最近十年の社会情勢に対する解釈さえ、世代が十年離れればまったく異なる、そんなことさえよく見られます。

四十代に差し掛かった頃から、私は意識的に若い世代と交流することが必要なのだと感じています。特別に議論するとか、特別に飲みに行くとか、そんな必要はありません。日常的に接する機会を増やす、それだけで良いのです。それだけで私が伊藤慶孝くんによってもたらされたようなパラダイムシフト、思考革命がおそらく起こるのではないか、私はそんなふうに感じています。

しかも年長者からは人は抵抗なく学べるものですが、若い世代からは意識しなければ学べないものです。特にふた世代以上離れるとなかなか学ぼうという気は起こりません。それだけに意識して学ぼうとする構えがとても大切なのです。

# CHAPTER 5
# 遊ばないから老いるのだと心得る

## プロローグ

この章では，「遊び」について述べていきます。子どもの頃，重要なことは遊びのなかで学んだと誰もが感じているはずです。大人になるとやるべきことがなくなることはあり得ませんが，「目的的でない時間」をもつことは，リフレッシュだけでなく柔軟性を生み，バランス感覚をも，もつことができるのです。

# 01 時間に柔軟性をもつ

□柔軟性とは自由にカタチを変えられることを意味する。

□年齢を重ねると特に硬直してくるのは時間の使い方だ。

□急な誘いや予想しない出来事にいつでも対応できる者こそ、柔軟性をもった若い主体と言える。

□そのためには、普段から「今日締切」という仕事をもたないような早め早めの取り組みを心がけることが肝要である。

□常に一週間後の仕事をする癖をつけたい。

「ひろちゃん、あ～そ～ぼ！」

そんな声が聞こえて窓から顔を覗かせると、クラスメイトが三人、裏のベランダに集まって手を振っている。私が子どもの頃にはよくある光景でした。いつしかそれが「今日ゲームセンターに行こうぜ」になり、また時が経って「明日ディスコに行こうぜ」になり、更に時が経って「何月何日は呑み会ね」になっていきました。遊びに行くのに約束することが前提となったのは何歳くらいのことだったのでしょうか。どこかに子どもから大人へのイニシエーションがあったような気もしますが、正確にはわかりません。

いまは子どもたちでさえ、一緒に遊ぶのに約束が必要な時代になりました。なかには当日の約束では既に遅くて、何月何日何曜日の何時という約束まで一週間も前に取りつけている姿を見かけます。その話を横で聞いていた他の子が誘われてもいないのに約束の場に赴いたことで、誘ってもいないのに図々しく来たとトラブルの要因になりさえします。

私たちが子どもの頃にはなかったことのような気がするのは気のせいなのでしょうか。野球をするにしても缶蹴りをするにしても川遊びをするにしても、とにかく人数が集まった方が遊びが広がるわけで、とにかくあちこちの家をまわっては「○○くん、あ～そ～ぼ！」と何をして遊ぶかを決める以前にまずは人数を集めることに専念する時間があったような気がします。

これも気のせいなのでしょうか。正直言ってわかりません。遠い過去の話ですから、ノスタルジーがかなり美化させているところもあるのかもしれません。

私は人間のバイタリティというのが、いかに突然の誘いや突然の思いつきに予定を崩して遊べるかということにあるような気がしてならないのです。宿題をやってからじゃないと遊ばないと決めている子と、突然の友達の誘いに母親の眼を盗んで家から抜け出て遊びに行く子と、どちらにバイタリティがあるかといえば後者なのではないか。どちらに生きる力があるかといえば後者なのではないか。どちらにコミュニケーション能力があるかといえば後者なのではないか。そう感じるのです。

若さを定義するならば、それは柔軟性があるということなのではないでしょうか。柔軟性というのは縦横無尽にカタチを変えられるということです。手帳に予定がびっしりと書き込まれていて、何時何分に何をし、何時何分に誰と会うと決められていれば、どんなに有意義な予定だったとしてもそれらは「こなす」に限りなく近づいていきます。いかに時間を忘れる時間を確保できるか、そういう時間をいかに確保しようとしているか、そこが人としてのバイタリティの有無の分かれ目だと感じるのです。

〈遊び〉とは目的でない時間を意味します。「さあ、日常のあれこれを忘れてリフレッシュしよう」という目的をもって遊び始めると、なかなか日常を忘れて遊びに夢中になることができません。この時間が終わればあれもやらきゃこれもやらなきゃということが頭の片隅にこびりついてしまって離れてくれないからです。だからこそ人はやるべきことをすべて終わらせてから遊びに出ようとします。

しかし、やるべきことがすべてなくなるという事態が大人にあり得るのでしょうか。それは遊びが終わるまでに処理しておかなければならない用事を済ませておくということに過ぎず、結局月曜日には月曜日締切の仕事がちゃんとある。それだけのことなのです。

だとしたら、今日締切とか明日締切とかいう仕事がまったくない状態に我が身を保つということこそが、実は〈遊び〉に夢中になれる唯一の方法なのではないか。私はそう考えています。つまり、常に一週間後くらいに締切を迎える仕事にいつも取り組んでいる、そういう状態です。今日明日締切の仕事は既に一週間前に終わっているという状態を保つならば、急に入った誘いにも乗ることができるようになります。自分の時間に文字通り「遊び」が生まれるわけですね。

自分の時間に「遊び」があれば、実は急に起こったトラブルにさえ対応できるようになるわけです。トラブルにさえ余裕をもってどこか愉しめるようにさえなるのです。

# 02 遊びのなかで他者を学びの対象とする

□誰だって休日が好きであり、そのこと自体を卑下する必要はない。

□遊ぶときには夢中になって遊ぶという感性は人間にとって大切である。

□特に教師は識見を広げるために多くの人と出会うのが良い。それも少人数でじっくり話せる機会をもてると更に良い。

□職場の同僚と少人数でじっくりと話す機会をもつことは実は仕事に大きく活きる。

□他業種の人のものの見方、考え方を学ぶのにも遊びは有効である。

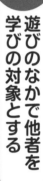

ある年、勤務校のPTAの広報誌のインタビューに応えたことがあります。「好きなものは何ですか?」と問われたので、「金曜の夜と土曜の朝」と応えました。これがずいぶんとウケました。当時三年生を担任していたのですが、PTA会長から一年生の知らない生徒まで私を見つけては笑顔で話しかけてきました。かつて「土曜の夜と日曜の朝」という映画があって、私としてはそれをもじって遊んだだけだったのですが、これがこんなにもウケるということは、PTA会長も生徒たちもこの映画を知らないのだなあ……と淋しい想いを感じた次第です。

さて、私は金曜日の夜は徹底して遊ぶことにしています。私は週末に講演ツアーに出ることも多く地元にいないことも少なくないのですが、たとえ地元にいようと出先にいようと金曜の夜は仕事のことを一切忘れてただただ遊ぶことにしています。それもその日のうちに床に就くということがないほどに遊びます。明るくなりかけた頃に帰宅するなんていうこともしょっちゅうです。次の日にセミナー等の予定がなければ、まず間違いなく朝方の五時、六時まで遊んでいます。

毎週金曜日に呑みに出掛けるわけですが、一人で呑みに出るということは皆無です。必ず誰かと一緒です。大人数で呑みに出掛けるということもほとんどありません。多くは誰かと一緒に二人。多くて四人までです。私の遊びはどうしても識見を広げるということをゆる～くとはいえ意識していますから、一人の人の話をじっくりと聞くということになるのです。大人数の呑み会の雰囲気が私はあまり好きではありません。軽く意味のない話で盛り上がり続けるということを私は好みません。ですから職場の呑み会も最後まで全体に付き合うのは学年の呑み会くらいで、その他は二次会から誰かを誘って二人で離れてしまいます。歓迎会や忘年会など職員室全員の呑み会も同様で、二次会からは全体から離れます。こういう癖があるので、結果として、私はどの学校に行っても、いつの間にか職員室の多くの人たちと二人でじっくりと呑みながら語ったことがある……という人間になっています。

行ったことのない店を開拓することにも割と熱心です。しかも自分の行きつけの店に誰かを連れて行くのではなく、一緒に呑むその誰かの行きつけの店に連れて行ってもらうことが多いです。馴染みの店に連れて行ってもらうとその人がどんな店を好むのかが分かりますし、自分の知っている店も広がっていきます。しかも自分では絶対に行かないようなタイプの店も知ることになりますから、大袈裟に言えば社会勉強にもなるわけです。

金曜日は遊ぶと私が決めたのは、四十代の前半だったと思います。それはちょうど『学級経営10の原理・100の原則』（学事出版・二〇一一）を上梓して、公務以外の仕事が一気に増えた頃と時期を同じくしています。それまでの私の生活はほとんど家に閉じ籠もり、書斎で本を読んだり原稿を書いたり音楽を聴いたりというものでした。夏休み・冬休みもほとんどが書斎に閉じ籠もっていました。たくさんの原稿を書くにあたって、少し一般感覚を身につけなくちゃいけないな……と感じたことがきっかけなのです。もちろん一般感覚とは金曜日の夜に朝方まで飲むことではありません。そういうなかで人の話を聞いたり、人の紹介する店に行ってみたり、世の中で美味いと言われるものを食べたり、そういうことですね。その意味で、私は特定の遊び友達というものを持っていません。

子どもの頃、重要なことは遊びのなかで学んだと誰もが感じているはずです。大人になると、しかも教師になると、みんな遊び方がおとなしくなります。しかし、子どもの頃と同様、遊びのなかには重要なことがたくさん散りばめられています。人の感じ方、サービス業の構造、そして世の人々の嗜好……。水商売の経営者は一般的な教師の知り得ないことをいっぱい知っていますし、酒や食材の微妙な味わいの違いには子どもたちの微妙な味わいの違いに通ずるものがあります。読書やセミナーはもちろん、セミナー後の同業者の懇親会だけが学びの場ではないという感性だけはもち続けたいものです。

## 03 老いたから遊ばなくなるのではない 遊ばなくなるから老いるのだ

□一人になれる時間がある人とない人とでは、成長・成熟の度合いが大きく異なる。

□それは黙考・熟考の時間をもてるか否かを意味するからだ。

□できれば自分に様々な触媒作用をもたらすような場所で黙考・熟考すると、次々と発見があってなお良い。

□ときには自分だけの時間をつくって遊びたい。自分だけの思索の時間をもちたい。

□老いたから遊べないのではなく、遊ばないから老いるのだと心得たい。

〈遊び〉とはフィールドワークなのではないか。私はそんなふうに感じています。

年齢を重ねて職場と家庭にしかフィールドがないという人をよく見かけます。でも私はそういう人を見ると、何か大切なものを見失っているなと感じます。そう思われる側から見れば余計なお世話でしょうけど（笑）。

アガサ・クリスティが女性の自立に必要なのは夢中になれる仕事と鍵の掛かる部屋という名言を残していますが、私もまたこの「鍵の掛かる部屋」という概念がとても大切だと思うのです。職場と家庭だけをフィールドにしていると、一人になれる場所というのがなくなります。

私は職場にも自宅にも一人で黙考・熟考できる場所をもっています。学校では４Ｆの教育相談室という部屋であり自宅では書斎です。他にも何時間でも一人で本を読んでいられる喫茶店や誰にも話しかけられることなく一人で静かに呑めるバー、天気の良い日に昼寝をしたり熟考したりするための川の土手、札幌近郊の町に出向いて五〇〇円で入浴できる町営温泉でだらりとするなんていう時間もあります。こうした時間は私の仕事を間違いなく充実させています。

なかでもここ数年、私は特別な場所を得ました。実は自宅から高速を飛ばして四十分ほどのところに既にもう誰も住んでいない実家があるのです。父親は数年前に亡くなり、母親は施設に入所していますから、行けば何時間でも一人でいられます。ここでは家族とは何ぞやということを何時間も考えるのを常としています。狭い家のあちらこちらに親父やお袋の幻影を見ながら、ああ、あのとき親父がここでこう言ったっけ……、ああ、あのときこちらに歩きながら母がこんなことを言ったな……と何時間でも退屈せずに過ごせるのです。家族論は教育論と親和性の高い領域です。こうした思考が仕事に活きないわけがありません。

もう一つ、小学校三年九月から中学校一年九月まで四年間を過ごした、札幌市真駒内南町にある真駒内中央公園が私のお気に入りの場所です。ここでも私は一人で何時間でも退屈せずに過ごすことができます。九歳から十三歳までを過ごした場所ですから、この公園には想い出がいっぱいあります。まだ三十代の親父とキャッチボールをしたり、友達と川遊びをしたり、当時流行していたゲイラカイトという凧を上げたり……。中央公園を歩き回っていると十代前半の自分が甦ってきます。ああ、いつもこの木に登っていたとか、ああ、この銅像の台にいつも座っていたなとか、ああ、この小さな川を走り幅跳びの要領で飛び越えていたっけとか……。こんな思考も仕事に活きないわけがありません。

〈創造性〉とは何か新しいもの、この世になかったものを発見するということではありません。自分のなかに確かにあったに違いないのだけれど、自分では意識していなかったもの、自分にはこれまで見えていなかったもの、そういうものたちが何らかの触媒を契機に自分のなかから引き出されてくる、そんな営みなのです。「鍵の掛かる部屋」、即ち一人でいる時間はそういった触媒との出会いを促します。周りに他人がいて自由の利かない状態では決して見つけられない、そういった発見をもたらします。

「鍵の掛かる部屋」で見つけた視点をもって、私は次の日に仕事に行きます。すると昨日実家で思いついた観点が、昨日中央公園で見つけた観点が、職場で起こる些末な事柄に先週とは違った解釈を与えてくれます。それが毎日の職場を、なんでもない日常を〈フィールドワーク〉にしてしまうコツなのだと私は感じています。先週も一週間をともに過ごした子どもたちが、先週も雑談を交わしたはずの同僚が、まったく違った子どもたちや同僚に見えてくるのです。

バーナード・ショーに「老いたから遊ばなくなるのではない。遊ばなくなるから老いるのだ」（We don't stop playing because we grow old, we grow old because we stop playing.）と言う格言があります。私はこの格言が大好きです。人は年齢を重ねると一般に遊ばなくなっていきます。私自身が本書第二章で述べたように、一般に自分のために時間を使うのではなく、他人のために時間を使うことこそが〈成熟〉を意味しますから、それは当然のことと言えます。自分のためにしか時間と労力を使わない人間を私たちは成熟した人間とは呼びません。しかし、自分のために使うに時間を皆無にしてしまってもまたいけないのです。それは自分を失うことであって、それもまた〈成熟〉と呼ぶにはふさわしくない在り方なのです。

自分のために遊ぶ。夢中になって遊ぶ。「鍵の掛かる部屋」で自分だけの思索の時間をもつ。ときにそういう時間があるからこそ、人はバランス感覚を身につけ、他人のために時間と労力を費やすことを厭わなくなるのではないでしょうか。これを自覚しない人は早く老いてしまうのだと私は思います。

もう一度繰り返します。

老いたから遊ばなくなるのではありません。遊ばなくなるから老いるのです。

# CHAPTER 6
# ゆらゆらするのも人生の醍醐味だ

## プロローグ

この章では，「教職としての復路の生き方」について述べていきます。40 代は，教職として折り返し地点にあたります。これからどのような生き方をするか，決断が求められる時期でもあります。様々なヒントを参考にしながら，後悔のない教員人生を送りましょう。

# 01 復路をどう生きるかを決める

□教職には往路と復路があり、その折り返し地点は四十代前半である。

□復路の在り方は往路の貯蓄で決まる。貯蓄があればバランス感覚を発揮できるが、貯蓄がないと辻褄合わせの復路になる。

□復路にはふた通りの過ごし方がある。

□一つは組織に軸足を置いて、組織を優先順位の一番として生きる生き方である。

□もう一つは、組織に軸足を置かず、自分自身の人生を楽しむことを第一義とする生き方である。

四十代はいわゆる「先の見えてくる」年代です。自分はここまでだなという〈仕事上の限界値〉が意識されてくるようになります。三十代までのようにただ子どもたちとあれこれ試行錯誤するのが楽しいとだけは思っていられませんし、出世についても良くてこのあたり最低だとこのあたりというのが見えてきます。

教師生活は約四十年。最初の二十年を往路、あとの二十年を復路と考えれば四十代前半あたりがちょうど折り返し地点ということになります。しかも復路の二十年は現実的にさまざまな規制があります。管理職試験を受ければ管理職の言うことは絶対になりますし、若手教師やメンタル的に弱い先生のフォローに時間と労力を費やさねばならないということもあるでしょう。結局、教師生活の復路は教師生活の往路でどれだけスキルや人間的魅力を貯蓄し得たかで決まります。多くの教師にとって教師生活の復路は多かれ少なかれ、往路の貯金を切り崩しながらなんとかその場その場でバランスを取っていくという仕事の仕方になるのが現実です。それなりの貯蓄があればバランス感覚の発揮、貯蓄がなければ辻褄合わせ、それが教師生活の復路です。

そんな復路の生き方において、世の中にはふた通りの過ごし方があるように思います。

一つは社会の中心にしっかりと軸足を置いて、つまりは仕事上の組織の中にしっかりと身を置いて、職務を機能させたり降りかかった火の粉を振り払ったりしながら生きる人たちです。何か不祥事があったときに記者会見で謝罪したり弁明したりしている教育行政の人たちや学校長を見ていると、組織に軸足を置くことは良いこともありますがあのような責任もあるのだということを痛感させられます。

もう一つは社会の端っこの方で適度な適当さをもって楽しく生きる人たちです。出世も考えなければ金儲けも考えない。家族が大事、趣味が大事、自分自身が大事など、何を大事にするかは人それぞれですが、仕事や組織に自分が掠《かす》め取られることを忌避する人たちです。所属する組織を優先順位の一位に置かない人たちと言っても良いかもしれません。ちなみに私は既に二十代の頃から、組織に掠め取られることだけはいやだと思って生きてきましたから、明らかに後者の人生を歩んでいます。

四十代は半ばから後半にかけて、人は前者と後者のどちらの道を選ぶのかを決めなくてはなりません。どっちつかずの姿勢を取っているとどちらも中途半端になります。揺れ動くのが人間の本質ではありますが、中心で生きていくならちゃんとその覚悟をもって生きる方が自分の人生を肯定できますし、周辺で楽しむことを選ぶなら迷いなくちゃんと楽しんだ方が自らの人生を充実させられるはずです。

どちらを選ぶかは人それぞれです。趣味・嗜好の範疇です。ただ、私の本などを買う読者の皆さんなら、こうした実践研究生活のようなものに興味を抱いている方々が多いのだろうと想像しますから、一つだけ可能性として伝えておきたいことがあります。

皆さんは野中信行先生をご存知だろうと思います。また、多賀一郎先生をご存知だろうと思います。このおふた方が処女作を上梓したのは五十代の半ばです。いまやおふた方ともさまざまな学習会やセミナー、行政の研修講座や学校の公開研究会の講師として引っ張りだこですが、五十代半ばまでは少なくとも全国的には無名でした。私もいまでこそおふた方と親しくお付き合いさせていただいていますが、十年前にはおふた方とも存じ上げませんでした。

私が言いたいのは、社会の中心で生きるにはさまざまな段階で年齢制限があり定年もありますが、社会の周辺側で楽しむ自由な生き方の方には年齢制限も定年もないのだということです。もちろん、だから中心ではなく周辺を選ぶべきだと言っているわけではありません。ただ私は野中先生も多賀先生もご自身の人生をまったく後悔していないと思うものですから、こうしたことが人生の選択のヒントの一つになるだろうと思って申し上げているだけです。

# 02 クラゲのように生きる

□四十代は人生の終末までを意識しながら生きるようになる。

□独身女性には特にその傾向がある。

□仕事もまわるし、小さな楽しみでは心から楽しめないし、将来は不安だし、生活に変化がなくなる。

□変化を求めるのならば瀬戸際の年代なのでいま行動しなければならない。

□しかし、変化ばかりが良いわけではないので、現状維持でクラゲのようゆらゆら生きるのも悪くない。

男性の三人に一人が、女性の四人に一人が生涯独身を貫くという時代になりました。職員室を見渡してみても、四十代の独身者は男性・女性を問わずけっこうな数がいるものです。男性独身者の四十代はまだ体力もありますから、パチンコに行ったり呑みに行ったりとそれなりに楽しむことのできる年代ですが、女性独身者にとっては四十代はかなり深刻な時期のようです。私は時を隔てて、四十代半ばの複数の独身女性教師から「もういつ死んでもいいなってよく考えるのよね」という言葉を聞いて驚いたことがあります。彼女たちはいまも生きていますからもちろん本気で積極的に死のうと考えていたわけではありません。しかし、「もういつ死んでもいい」という言葉が出るほどに今後の人生に楽しみを見出せないとしたら、やはり深刻という他はありません。

もう一生独身なのだろう。子どもも現実的にはもてないだろう。老後は一人淋しく過ごすのだろう。仕事に充実感を感じるわけでもない。週末に女友達とランチする程度のことしか楽しみがない。こんな生活をあと数十年続けることに何の意味もない。だから自殺しようとまでは思わないけれど、いつ死んでもいいのよね……。こういうことなのだろうと思います（これは私がある居酒屋のカウンターで飲んでいた折、隣にいた四十代と思しき女性二人がしていた会話を盗み聞きしたものを要約しました）。

さて、結婚とか子づくりの限界性については私にはわかりませんが、こと仕事についてならばこういうことが言えると思います。

男性でも女性でも四十代ともなれば、二十代・三十代の頃のように一生懸命にならなくてもそれなりに「仕事がまわせる」という状態になります。これをすればこうなる、あれをすればああなる、これをしても状況は変わらない、これをすることにはリスクを伴うから安全策を採ろう、毎日そういうことが見えている状態で仕事をしています。しかもちょっと仕事が立て込んだとかちょっと最近さぼってしまったとかがあって仕事が滞ってしまったとしても、時間が自由になりますから二、三日頑張って残業すれば処理できてしまいます。要するに仕事に大きくやり甲斐を感じる機会もなければ、深刻な状況に陥ることもないわけです。要するに仕事に変化がなくなるわけですね。

一部に管理職を目指してバリバリという女性教師も少数散見されますが、多くの女性教師は出世競争に参加する気など毛頭ない。八〇年代に男女雇用機会均等法が施行され、一時期はキャリアウーマン志向も生まれましたが、そうした機運もすっかり落ち着いてしまっている。仕事もバリバリ、円満な家庭とも両立……のようなイメージを若い頃にはもっていたけれど、いまはその一方の要素が絶望的に消え失せようとしている。生活には困らないだけの収入もあるし安定もしている。教職は本来やり甲斐のある仕事であり、やろうと思えば限界のない仕事であることはわかっているけれど、そこまで時間と労力をつぎ込んでもコスパが合わない。これが生活に変化がなくなる思考形態のステレオタイプです。

さて、と……。どうしましょうか。婚活しますか？　それとも思い切ってシングルマザーでも目指しますか？　まさかね。まだまだ教師は聖職イメージ。そうもいきません。結局、毎日なんとなくドラマ、なんとなくフェイスブック……。週末にはなんとなくランチ……。誘われればちょっと高級なイタリアン……。そのくらいの収入はありますからね。

あなたはいま、思い切って生活を変えるか否かの瀬戸際です。人生は〈先が見えない〉方がおもしろくなります。恋愛だって仕事だって遊びだってゲームだって、先が見えたらなんのおもしろみもないのです。人生も同じです。変えようと思えば、〈先の見えないもの〉へと突き進んでいくしかありません。

仕事なら管理職を目指すとか、これまでやったことのない仕事に就いてみるとか、学年イチの問題児や学校イチのクレーマー保護者を担任してみるとか……。どれもいやですよね。私も勧めません（笑）。

酒井順子やジェーン・スーでも読みながら、お茶でもしてみてはいかがでしょうか。

# 03 ただ受け止め、ただ引き受ける

□四十代から私生活で要介護の親に対応しなければならない人が急激に増える。

□しかし、どの学校でも職員室にたくさんの経験者がいるはずだ。

□介護の経験は子育ての経験がそうであるように、人間にとっては必要な経験である。その証拠に人間を成熟させる大きな機会となる。

□人間の成熟には、目の前に起こったことをただ受け止め、ただ引き受けるという経験が必要なのかも知れない。

親父が亡くなる一年二ヵ月ほど前のことです。両親と私と妹と、四人で温泉に行きました。定山渓温泉といって札幌の中心部から四十分ほどのところ。一泊二日でした。「これから毎年行こうね」と言っていましたが、それが家族四人の最後の旅行になりました。

親父が亡くなる二ヵ月前のことです。両親と私と妹と、四人でジンギスカン鍋を囲みました。両親が一緒に入っている介護施設の敬老会というイベントでのことでした。「これから毎年食べようね」と言っていましたが、それが家族四人の最後の食事になりました。

親父が逝ったのは二〇一三年十一月二十五日、月曜日の一七時三分のことでした。それまでの荒かった呼吸がスーッと消えて行きました。とても静かな時間でした。私は前日まで熊本に講演に行っていました。眠い目をこすりながら授業をしていたら、午前中に容態急変の電話がありました。親父は私の帰りを待っていたのだなと感じました。

親父が脳梗塞で倒れたのは二〇一一年八月末のことでした。ちょうどお袋が八月初旬から札幌で入院していて、親父は一日おきに四十分ほど高速を飛ばして見舞っていました。親父が倒れたのはお袋が退院して六日目のことでした。もしも親父の脳梗塞が一週間ほど早くてお袋の入院中であったならば、親父は救急車さえ呼んでもらえずそのまま亡くなっていたことでしょう。「運が良かったね」というのが私たち家族の合い言葉でした。

しかし、それからが大変でした。お袋はそれから毎日、七十五を超えているというのに車を飛ばして病院に通う毎日。使命感からか親父のもとに通うことは怠らないのですが、毎晩家に戻ってからは一人でボーッとしていたようで、少しずつ認知症が進んでいきました。親父が四ヵ月間の入院加療から退院したあと、この老夫婦が二人だけで暮らすことはやはり無理でした。それから一年数ヵ月、私と妹が相談して両親ともに同じ施設に入れるまでいろんなことがありました。

ほんとうにいろんなことです。

この間の良い想い出は定山渓温泉だけなのでした。仕事もままなりませんでした。三日連続で欠勤した後に、授業をすべて午前中にしてもらって午後は一週間連続でまるごといない、なんていうこともありました。親父はかつて公務員でした。社会保障としてはかなり恵まれています。しかし、国がどれだけ社会保障を充実させていても、細かいところでどうしようもないことが次々に起こります。間違いなくこの程度で済むのは恵まれているのだと頭ではわかっているのですが、やはりそんなふうに考えるのは無理でした。幸い、当時の校長も教頭も、僕のお世話になっている家庭科の先生も同じ学年の数学の先生も要介護の親を抱えていましたから、私は有り難い配慮を次々にしてもらえました。

結局、二〇一三年の三月、両親が施設に入り、そのいろんなことのほとんどが解決しました。私と妹はほっとしました。もう親父の「死にたい」という言葉を聞かなくていいのだ、もう私がお袋を怒鳴ったりしなくていいのだ、そんなことを想って脱力しました。親父が逝ったのはそれから半年後のことでした。

いまではその施設にお袋だけがお世話になっています。もうすっかり慣れたようで、いまのところ何一つ問題の起こらない日々が続いています。私は月に二度ほどお袋のもとに顔を出しますが、施設の次の行事を楽しみにしている様子です。隣り合って設置されていたかつて親父の入っていた部屋には、もう別の人が入居しています。私はその部屋の権利を買いたいくらいに想うことがありますが、そうもいきません。

実家にはまだ親父の洋服も親父の寝ていた介護用のベッドもそのままにしてあります。家にはまだ親父の匂いがはっきりと残っていて、私はたまにモノクロの親父の青春期のアルバムを眺めながらそこでひと晩を過ごすことがあります。そんなことをしていると、実家ではときたま親父の気配を感じることがあります。もしかしたらまだいるのかも知れません。もうお袋も住んでいないあの部屋に。

こういう文章を書いていると、知らないうちに涙がこぼれてきます。人間とはそういうものです。そしてこういう世界が四十代にとってはもうすぐそこまで来ているのです。

しかし、これは人間にとって、おそらく必要な経験なのだと思います。私はあの時間が尊いものだったと思いますし、あの時間が愛惜しいものであったとも思います。お袋が逝くときにはもう少しイライラせずに、脇目を振ることなく自分のすべての時間をお袋に渡そうと決意しています。

親父とお袋を見ていると、人が必要以上に自分の人生に意味を見出そうとすることの不毛性に気づかされます。最低限のお金は必要ですが、それ以上のお金で買えるような物事を人は最終的には欲しがらなくなるということもわかってきます。旨いものも旨い酒も欲しがらなくなります。静かなありふれた時間とゆるやかでおだやかな安心だけを求めるようになります。それだけでいいと思うようになるようです。

人が年齢を重ねるとともに他人に対して優しくなっていくのはこういうことなのだろうと思います。本書でも四十代が目指すのは成熟であると繰り返してきましたが、成熟は本や議論によっては得られません。いま目の前にあることをただ受け止め、ただ引き受けるしかないという経験だけが人を成熟に向かわせるのです。

# CHAPTER 7
# 人の上に立つことの覚悟をもつ

## プロローグ

この章では，「人の上に立つこと」について述べていきます。人を動かすにはコミュニケーション力＝配慮力が必要ですし，気持ち良く働いてもらう環境を保証することも，「人の上に立つ者の構え」です。他人の人生に関わることを意識することが大切です。

# 01 コミュニケーション能力は配慮力である

□四十代になると、一人でやる仕事から、コンセンサスを得ながら人を動かす仕事の在り方に移行していく。

□人を動かすにはコミュニケーション能力＝配慮力が必要である。

□人の上に立つには、第一に、下の者に一人じゃないというメッセージを投げ続けることが必要である。

□第二に、個々人が心からやりたいと思っていることに心置きなく取り組ませてあげられる環境設定が必要となる。

四十代になると主任クラスの仕事を任されます。一人でやる仕事から多くの同僚を動かしながら、しかもコンセンサスを取って進めていく仕事が増えていきます。多くの人たちを納得させられる〈コミュニケーション能力〉が必要とされます。納得というものはいくら論理的に説得しても得られません。納得させるということをひと言でいうなら情を制することです。情を制しない限り、いくら詭弁を弄しても納得などさせられません。納得してもらうのに必要なのは口舌ではなく行動なのですから。

職員室において、たとえ一部の人たちのとはいえ「人の上に立つ」ということは、自分の思い通りにただ仕事を進められるということをまずは捨てることから始まります。それができないうちは「人の上に立つ者」としては半人前です。だって自分一人ではできない仕事を担っているわけですから、他の人たちに動いてもらわないことにはその仕事は進まないのです。そしてその人たちに気持ち良く仕事をしてもらうための動きを自分に徹底して課さなければならないのです。それも日常的に、一日も怠ることなく。

情を制するのに必要な第一は、「絶対に一人にしないよ」というメッセージを投げ続けることです。人は自分の身を守ろうとします。いえ、人だけではありません。これはすべての生物の本能です。しかし、自分の身を守る人ばかりがいくら集まっても改革はできません。新しいアイディアを採用するよりも現状維持の方が身の安全は確保しやすいわけですから当然のことです。

他人に対して何か新しいアイディアの実現を依頼するという場合には、「きみは一人じゃない」「すべてをきみの責任に帰したりしない」「人手が必要なときにはみんなで手伝う」「この一年間、絶対に一人にはしない」ということを行動で示し続ける必要があります。「何月何日までにやっといてね」で人が動くと思っているのでは話になりません。しかもその先生ができなかったからと言って「社会人としていかがなものか」なんて思っているようでは、あなたの方が上司失格なのです。この第一の原理は「人の上に立つ者」としては基本中の基本です。この覚悟がないなら他人を動かす仕事自体を四月の段階で引き受けてはいけないのです。孤高を貫くべきなのです。

情を制するのに必要な第二は、その人が一番やりたいことを絶対的に保証してあげるということです。例えば、ある人が部活動の指導をやり甲斐として教師になったとしましょう。その人はできれば毎日放課後は部活動に徹底して付きたいのです。しかし、学校現場はそのようにはできていません。あなたが主催する臨時の会議をどうしても設けなければならなかったり、今日のうちにみんなで力を合わせてやっておかなければならない作業があったりということがあり得ます。その先生だってそんなことはわかっています。

　しかし、あなたの下で働く部活動に熱心な先生がどんな日程で部活動に取り組んでいるのかについては、あなたは熟知していなければなりません。自分には関係のない部活動だったとしても、大会日程がどうなっているのか、大会の直前のミーティングはいつどこで行うことを常としているのか、その先生が今年はどこまで結果を残したいと考えているのか、そういうことを把握していなければなりません。そして臨時の会議や喫緊の作業においても、「今日はちょっと……」とその先生に言わせるのではなく、「先生にとっては今日が大事な日だってわかってるから、今日はいいよ。次にお願いね」とこちらから声をかけるのです。これができないと「人の上に立つ者」としては失格なのです。下の者に対していかにストレスを軽減してあげるか、それと同時に言葉は悪いですがいかに小さな恩を売るか、仕事を円滑に進めるための人間関係の調整というものはこのレベルの配慮なのです。

　もちろん、それでもどうしてもという緊急事態はあり得ます。その場合にも、「ごめんね。こんな大事な日に」というひと言があるかどうかで、先生方の気持ちはまったく変わるものです。

　こういうレベルのことを〈コミュニケーション能力〉と呼ぶのです。

# 02 女性教師に気持ち良く働いてもらう

□職員室運営には女性に気持ち良く働いてもらうことが欠かせない。
□それには男性原理の悪弊を捨てなくてはならない。
□第一に、一年間責めないという覚悟をもつことが必要だ。
□第二に、いつも見ているよという姿勢を示し続けることが必要だ。
□第三に、職員室運営に徹底した公平さを敷くことが大切である。
□これらは本当は女性に限らない対応だ。

女性教師に気持ち良く仕事をしてもらえるか否か。現在の職員室運営はこの視座を抜きには語れません。これは男性上司ばかりのことを言っているのではなく、女性上司でも同様です。現在の職員室は小学校なら半数程度、中学校でも三割程度は女性教師であるはずです。もう女性教師が少数派である時代は既に数十年前に終わっています。

男性教師を動かす原理で女性教師を動かそうというのははっきり言って無理です。出世をちらつかせることはまったく効き目がありません。ライバル間で切磋琢磨して育つという原理もまったくとは言いませんがほぼありません。そもそも仕事における競争意識がないのですから、この手の原理で考えること自体がナンセンスなのです。それはちょうど偏差値教育からゆとり教育を経て再び学力向上が叫ばれるようになった昨今、「勉強すれば将来は安定した職業に就けて幸せになれるんだ」という論理が無効になり、担任教師が魅力的な授業を展開し、魅力的な人間にならなければ子どもたちが動かなくなったのに似ています。それと同じように、女性もまたニンジンでは一切動かせないのです。

そもそも旧時代でさえ、ニンジンで釣りながら動かしていたこと自体が本来間違っていたと言うべきではないでしょうか。人間はパブロフの犬ではありません。いくらベルを鳴らしてニンジンを与えたとしても、ベルだけでよだれを垂らすようにはならないのです。

さて、私は前節において、「人の上に立つ者」の配慮として、一人ではないというメッセージを投げ続けること、一人ひとりがほんとうにやりたいことについては保証し続けることを挙げました。女性の場合には更に配慮が必要です。

第一に「一年間、絶対に責めない」という覚悟をもつことです。どんなミスをしても、どんな失敗をしても、どんなトラブルを起こしても、絶対に責めてはいけません。それまでの関係がどんなに円滑であったとしても、一度でも責めたらアウトという女性が一定数います。もちろん全員ではありませんが、一部の女性にはそういう特質があります。しかも男性上司は人間関係がうまく行っていると、「この人は大丈夫」という感覚を抱いて責めてしまう場合がありますがそれもダメです。例えばその女性が体育会系でどれだけ強く見えようとも、付き合いが長く自分との関係がどれだけ円滑であろうとも、一方的に責めることは厳禁です。むしろ自分のフォローが足りなかったことを謝罪するスタンスで行くべきです。これは男性四十代の既婚者ならばわかるはずです（笑）。

第二に「常に見ているよ」という姿勢を示し続けることです。その女性教師に何か良い動きがあった場合には間髪を入れずに褒める。その日のうちに褒める。また、その女性教師が組織のために頑張ってくれたら間髪を入れずに感謝する。その日のうちに感謝の意を言葉にする。

この癖をつけることが必要です。男性上司は言葉にしなくてもわかるだろうと思いがちですが、それは共通のニンジンを追う者同士の男性原理に過ぎません。言葉にしない評価も、言葉にしない感謝も、この世の中ではないに等しいのです。そしてこれらの褒め言葉や感謝の言葉は他の人に聞こえないところで発しなければなりません。廊下や帰りがけの玄関、場合によっては携帯メールなど、他の人たちには見えない場、聞こえない場でその人だけに向けて発しなければ意味がないのです。

第三に自分の下に女性教師が複数いる場合には、どの女性教師とも等しい距離感覚を保つということです。一人の女性教師とは距離が近く、他の女性教師との距離は遠いというように差があるのでは、最初は良くても一年間はもちません。距離の近い女性教師が五十代で、自分の方が依存しているという場合ならばあまり問題はありませんが、自分と同世代以下の女性教師である場合には、距離感覚に差があっては早晩人間関係が破綻します。一方の女性教師にもう一方の悪口を言うとか、この二人は仲が良いからと自分が知っている一方の秘密をもう一方に語ってしまうとか、そういうことも厳禁です。仲が良いように見える二人の女性が実は仲が悪かったなんていうことは世の中にあふれています。

以上が最低限のマナーです。女性の皆様、好き勝手を申してすみません（笑）。

# 03 人の人生に関わっているのだと自覚する

□メンタルの弱いタイプの教師が増えているが、そうした教師を自分のもとで休職させてしまったら、自分は人の上に立つ者として失格なのだと心得たい。

□そうした人たちに本気で関わろうとしたとき、実はその気持ちは間違いなくその人たちに伝わる。

□また、そうした人たちに一生懸命になることは、実は結果的に自分の大きな学びにつながる。

□すべての四十代がこの覚悟をもちたい。

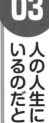

メンタルの弱いタイプの教師が増えています。なぜそうなったのかについては措いておいても、この傾向はまず間違いありません。「人の上に立つ者」として自分の組織下から休職者を出したら、私は自分を失格なのだと思うことにしています。正確に言えば、四十代になってそう思うようになりました。

私が学年主任をしていたときの話です。私は四十代を迎えたばかり。学年主任としてはふたまわり目でした。前任校で休職経験のある男性教諭が転勤してきて、私の学年に所属しました。年齢は五十代です。聞くと休職したのは数年前のことだと言います。私には元気そうに見えたので、旅行的行事では全体統括的な仕事を任せました。例えば、全員がバスに乗ったことを確認して1号車に発車の合図を出すとか、子どもたちの整列点呼を確認するとか、そういう仕事です。

旅行的行事は五月末。この先生は四月・五月と一日も欠勤することなく、一時間の時間年休を取ることもなく、学年の戦力として働いてくれました。私はこの人を元休職者として見るのをやめようと思いました。旅行的行事の当日も打ち上げの呑み会は盛り上がり、一次会、二次会、三次会、四次会と進みました。彼は最後まで、つまり朝の四時近くまで付き合いました。ほんとうに楽しそうでした。それが金曜日のことです。

二日後、日曜日の夜、確か十時くらいだったと思います。PCに向かって原稿を書いているときに携帯電話が鳴りました。着信を見るとその先生からでした。

「堀さん、二ヵ月間、ほんっとに楽しかったよ。ありがとう。でも、疲れちゃった。」

この言葉だけで電話は切れました。次の日の朝、職員室にその先生の姿はありませんでした。一週間後、その先生は校長に診断書を提出して長期の休職に入りました。その後、彼が休職しているままに私は転勤しました。以来、その先生には一度もお会いしていません。あの旅行的行事の打ち上げ、朝の四時近くの盛り上がりが実は今生の別れだったのかもしれません。いまでも彼は年に数度、私の夢に出てきます。

私はこの一件があって以来、自分の組織下から休職者を出したら、自分を失格なのだと思うようになったのです。それ以来、ずっと人の上に立ち続けていますが、幸い私の下から休職者は出ていません。しかし、メンタルの弱い教師と何人か仕事をしましたから、その後もいろいろなことがありました。ある男性教師を可愛がりすぎて依存度の高い教師にしてしまったり、若い女性教師を人目をはばからずにフォローし続けた結果、管理職に不倫を疑われるなどということもありました。いまは二人とも元気に教員を続けています。おそらく私が組織の中心で働くタイプの教師であったならば、つまり、管理職試験を受けているようなタイプの教師であったならば、おそらくこんな対応はできなかったに違いありません。

いろいろなところで言っていることですが、「人の上に立つ」ということは、図らずも自分の下で働く先生方の人生に関わってしまうことを意味します。私は多くの「人の上に立つ者」にその自覚が足りないことに憤りを覚えます。メンタルの弱いタイプの先生方は自分で抱え込むことの多い、真面目な人たちです。そういう人たちは小さなミスやちょっとした人間関係のトラブルなど、何かをきっかけに私たちには想像できないようなショックを受けます。そんなとき、管理職や直近の組織の長のひと言でもう少し頑張れる場合もあれば、絶望的になってしまう場合もあります。私は管理職がそうした先生方に冷たい対応、事務的な対応をしたときには満座の前で管理職を責めます。職員室の管理職席で怒鳴りまくったことさえあります。自分の対応を大人げないとは思いますが、これだけはどうにも我慢ならないのです。

本章では、一人じゃないよというメッセージを投げ掛けること、やりたいことを存分にやらせてあげる環境を保証することを「人の上に立つ者」の構えとして提示しました。女性教師への対応として決して責めないこと、褒めることと感謝を言葉にすること、差別しないことの三つを提示しました。しかし、これらは若手や女性にしてあげるべきこととして提示はしてみたものの、本当は誰もが自分自身がして欲しいと思っていることなのではないでしょうか。

「人の上に立つ」とき、私のもとで働く人たちから、実は私自身がどれだけ多くのことを学んでいるのかということに気づかされます。「疲れちゃった」と電話をくれた先生が私をどれだけ成長・成熟させてくれたことでしょうか。依存度の高い男性教師も不倫を疑われた女性教師も、どれだけ私の頭と心を耕してくれたか知れません。

自分がある立場に就き、自分の裁量が大きくなるということは、図らずも他人の人生に関わることになるのだ。このことをすべての四十代以上が自覚すべきだと思います。その覚悟がないのなら、人の上に立つ地位を求めるのは自分自身だけのための「不健全な野心」でしかないのです。私は確信をもってこう申し上げたいと思います。

# CHAPTER 8
# 時代をつくるときが来た

## プロローグ

この章では、「これからの 20 年における 40 代の役割」について述べていきます。かつて学校は健全な市民，社会に役に立つ生産者にするための機関でしたが，次第にサービス業としての役割を付与されてきました。しかし教育のように対人を基本とする仕事では，消費マインドを前提としては仕事として機能しなくなるのです。

# 01 承認欲求を満たさなければならない

□学校教育は、いまや婚活ビジネスや就活ビジネス、ホストクラブやメイドカフェなどと同じように「承認欲求産業」の様相を呈している。

□この流れはもう止めることができず、子どもの要求も保護者の要求も更に高まり続けるだろう。

□学校にいる子どもたちは、もはや集団のなかの一人ではない。「かけがえのない私」である。保護者もまた「かけがえのない私たち親子」として立ち現れる。

よく知る女の子が婚活を始めました（伝聞情報なので定かではありません。既に長い付き合いになりますが、さすがに彼女も私に「婚活始めたの」とは言いません）。四十代の女性教師です。一説によると四十代女性の婚活成功率は一％を切るという話があります。婚活ビジネスへの登録はそれなりにお金がかかると聞いていますが、成功率が一％を切るとなるとこれはもはや〈投資〉ではなく〈投機〉です。そもそも私たちは普通、成功率が一％を切るようなものにお金を払いません。五分五分でも払いません。成功率八割と言われて初めて「うーん、どうしよう」と迷う。その程度が一般的なのではないでしょうか。しかし、それでも婚活したいと本人が言うのに対して他人があれこれ言うわけにもいきません。「成功率一％に金を払うなんて馬鹿げてるよ」とでも言おうものなら、これまで築き上げてきた人間関係は瞬時に破綻してしまうでしょう。

婚活ビジネスは顧客の承認欲求をうまく利用するところにその本質があります。どこかに自分と相性ぴったりの相手がいるのではないかという想いは、どこかに自分を一生涯心から承認し続けてくれる相手がいるのではないかというのと同義です。しかし、そういう相手はいくら婚活しても一般的には現れません。なぜかと言えば、婚活ビジネスは相性ぴったりの人が現れない人間が多ければ多いほど利益を上げられるビジネスです。そういうビジネスモデルなのです。だって一九六〇年代から七〇年代にかけての国民の九九％以上が結婚できた時代に婚活ビジネスが成立しますか？単純な算数の問題に過ぎません。婚活ビジネスは独身のままでい続ける人が多ければ多いほど、離婚する夫婦が多くなればなるほど利益を上げられるビジネスなのです。

実は就活ビジネスにも同じことが言えます。同じというのは顧客の承認欲求をうまく利用するところに本質があるという意味です。どこかに私の適性にぴったりの仕事があるに違いない。そう思って転職をする人が多くなれば多くなるほど、就活ビジネスは利益を上げられます。人々の承認欲求を利用したビジネスモデルであるという点で言えば、メイドカフェやホストクラブと構造的には変わりません。

実は学校教育も承認欲求産業の方向に突き進んでいます。かつては学校というのは子どもたちを健全な市民、社会に役立つ生産者にするための機関でしたが、それが八〇年代をエポックとして次第にサービス業としての役割を付与されてきました。これはかつて子どもたちが「私は学校では集団のなかの一人に過ぎない」と思っていたものが、「私はいつでもどこでも『かけがえのない私』である。もちろん学校でも……」ということになったことを意味します。保護者にとって子どもは分身のようなもので一体化していますから、保護者も同じ要求を学校に突きつけるようになります。その結果、喧嘩が起こっても双方ともに相手が悪いと言い続けるとか、自分の子に学習発表会の主役をやらせろと要求するとか、そういうことが起こるようになりました。

また、二十一世紀になって登場した特別支援教育やアレルギー対応といった教育政策も「かけがえのない私」を学校教育は承認するべきたという論理展開から浮上してきたものです。四十人の多様な「かけがえのない私」が多様な要求を突きつけてくる。担任は一人で四十人分の「かけがえのない私」とその背後にいる「かけがえのないうちの親子」と思っている人たちを相手にしなければならない。「うちの子はこういう子だからこんなふうに対応して欲しい。それができなければ教師じゃない」と。これは消費者マインドに他なりません。私たちが変わる必要はない。学校が私たちに合わせなさいと。しかも、私たちは彼らを愛さなければならないと有形無形に脅されます。メイドカフェやホストクラブなら擬似恋愛だけを想定すれば事足りますが、私たちには子どもたちを全人的に愛すのが当然だという眼差しが向けられます。保護者に対しても心から親身になることが当然だという眼差しが向けられます。

おそらく現在、私たちが投げ込まれているのはそうした地点です。

# 02 圧倒的なデータベースが欲しい

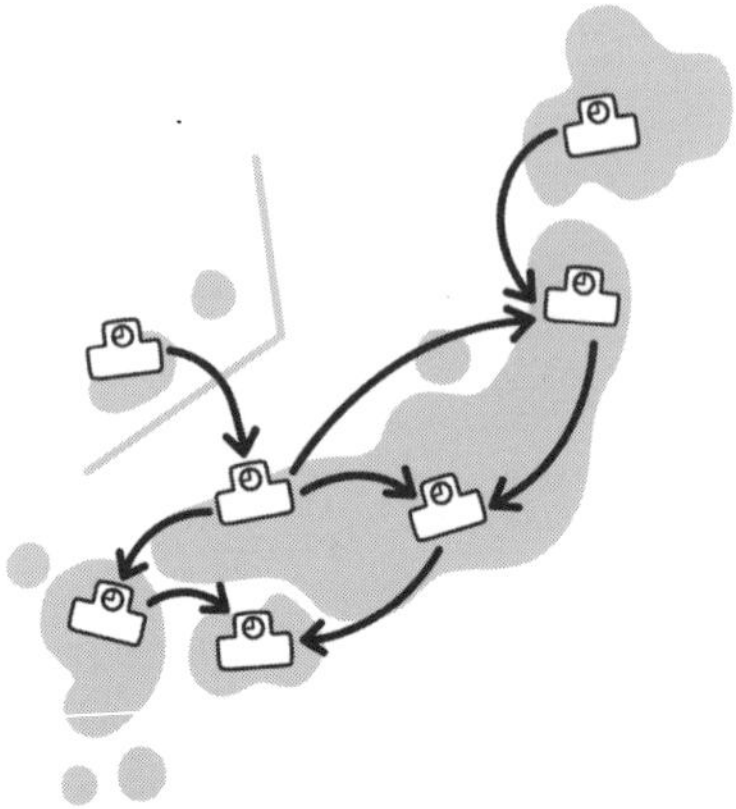

□承認欲求産業において、婚活や就活がビジネスとしてうまく行くのに、学校教育だけが機能しないのはデータベースをもっていないからである。

□喩えて言うなら、学校は地域の大型新刊書店に過ぎないのに、ロングテールに対応すべきアマゾンになれという要求を突きつけられている。

□アマゾン型の学校教育を目指すならば、他を圧倒するようなデータベースをもって顧客の想像を超えなければならない。

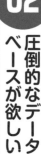

婚活ビジネスも就活ビジネスも学校教育も、同じように消費者マインドに基づいた承認欲求ビジネスの様相を呈している。なのに婚活と就活はビジネスとして成功するのに学校はただ大変になるだけである。いったい何が違うのでしょうか。婚活ビジネスや就活ビジネスにあって学校教育にないものは何なのでしょうか。

それはおそらく〈データベース〉なのではないかと私は感じています。婚活も就活もこういうタイプの人にはこういうものを……と即座に取り出すことのできる圧倒的なデータベースをもっているのです。

支援を要する子を担任したとき、見たことも聞いたこともない症例や現象が見られて学校を挙げて大混乱を起こすことがよくあります。どう対応して良いかわからない。体当たりで奮闘してみても、専門家という人たちに聞いてみてもどうもうまく行かない。そりゃそうです。誰もどうして良いのかわからないのですから。結局、教室は基本的に混乱したまま、周りが慣れることによってある程度落ち着き、その子にとって何も良いことの起こらないままに卒業を迎えます。或いは、一部の子は専門家に預けられることによって教室が落ち着きます。しかしそれはその子の対応を専門家が請け負ってくれたというだけで事の本質は変わりません。現場が移っただけです。

しかし、もしも文部科学省が全国的なデータベースをつくっていたらどうなるでしょうか。東京のある学校に支援を要する子がいるとします。その学校の先生方はその子の症例を見たことも聞いたこともない。近隣校に聞いても近くの専門家に聞いても明らかにならない。でも、その症例と対応の在り方が札幌にはあるかも知れない。鹿児島にはここ十年で二例あったかも知れない。これを繋ぐ〈データベース〉がないのです。

特別支援教育に限らず、すべての子どもたち、すべての保護者たちは、自分たちが学校に何をして欲しいのか、どうして欲しいのか、実はその当事者さえよくわかっていないというのが本質なのではないでしょうか。

ちなみにこう考えてみましょう。あなたはいま、何が欲しいですか？　こう問われて即座に何々が欲しいと明確に応えられる人というのはあまりいません。何かが満たされないけれど、何か欲しいものがある。そんな感覚的なものしか自分自身でも捉え切れていない。そんなものです。アマゾンで本やＣＤを買ったとき、「あなたが次に欲しいものはこれではありませんか？」と言われて、「ああそうそう。自分が欲しかったのはそれだったのだ」と購入をクリックしたことはありませんか？　人間の欲求なんてものはそんなものなのではないでしょうか。子どもがパニックを起こしたり保護者がクレームを言ってきたりするのも、教師のある言動が触媒となって違和感が起動されることによって生じるのに過ぎません。最初から「これはいやだ」と言語化できる子どもも保護者もほとんどいないというのが実態です。そして「あなたの欲しいものはこれではありませんか？」とすべての顧客の欲求を起動するアマゾンの裏には、膨大な〈データベース〉があるのです。

かつてアマゾンが普及し始めた頃、〈ロングテール〉という語が流行しました。みんなが欲しがるような売れ筋のものというのは極一部で、その裏には一部の人しか欲しがらない膨大な商品の種類があるのだということを長い尻尾で表現した比喩です。商品の需要というのは尻尾のように、つけ根の太い部分から先っぽの極細いところまで長く長く続くのだという意味です。そうした極々一部の需要まで満たしたところにアマゾン的ビジネスのビジネスモデルがあったわけです。

しかし、学校教育はいま、〈データベース〉もないのにアマゾンになれと言われています。ある稀少な書籍をある人が五十万で買ったという情報はアマゾンにとっては、或いは神田の古書店にとっては貴重な情報かも知れません。しかし、大型新刊書店にとってはそれは何の意味もない情報です。現在の学校教育はこの大型新刊書店にあたるのです。アマゾンになれというのであれば、絶対的に〈データベース〉が必要なのではないでしょうか。

# 03 これからの二十年は四十代にかかっている

□教育・介護・看護など対人を基本とする業界において、供給側が消費マインドを前提に仕事をし始めたら仕事として機能しなくなる。

□四十代は後続世代に比べて、消費者マインドとしては贅沢にできている世代だ。

□いま四十代は社会において政策決定する立場に移行し始めているが、学校にも同様の構図がある。

□自世代利益ばかりを追うのではなく、後続世代とともに共同性を重視したい。

ある介護関係の仕事に就いている友人からこんな話を聞いたことがあります。

介護施設の職員があまりに老人がわがままを言うのでたしなめたところ、その老人が人格を否定するようなことを言い返してきた。そこで堪忍袋の緒が切れて殴りつけてしまったというのです。周りの職員が止めに入り、そんなことをしてはいけない、我慢しなければいけないと説得したところ、その職員がこう言ったというのです。

「オレはこれを我慢しなければならないほどの給料をもらっていない」

周りの人たちはそれを聞いて言葉を失ったといいます。おそらくこの論理に対抗できる論理を周りの人たちもまたもたなかったのでしょう。さもありなんという気がします。

これは消費者マインドと消費者マインドがまともに対峙した事例といえます。介護される側の老人の方は自分はサービスを受ける側だからと自分の要求を訴える。自分は金を払ったのだから欲求を満たされる権利がある。だから自分がサービスの受け手として最大限のサービスを受けられるようにしようとする。要するに利益を最大限にしようとする。消費者としては当然の権利を主張しているのだ。そういう論理でわがままを言います。

これに対して供給側が私はこれこれの金額によってこれこれという労働力を売っているに過ぎない。あなたの要求はそれを超えている。だからできない。それでもうるさく言うのなら、私はもう我慢しない。ふざけるな。つまり、私は外で消費者となるために一定の契約で限られた労働を売っているに過ぎない。従ってオーバーアチーブはしない。そう言っているわけです。これは権利者と権利者の闘いであり、消費者と消費者の闘いです。しかも本来は供給側の立場まで消費者として要求をし始めたわけですから、これに業界の論理（ここでいえば介護業界の法理や慣習）で対抗しようとしても無駄という他はありません。だって辞めることを前提に捨て身で自分が消費者だと訴えているわけですから。

市場経済の論理と市場経済の論理が交渉して決裂したら、もう永久に決裂するしかありません。

「いやいやそれでは高すぎる」

「いやいやこれ以上は勉強できません」

「そうですか、それでは今回の話はなかったということで」

「そうですね。残念ですが、そういうことにしましょう」

ということで供給側は顧客リストからはずし、需要側は二度とその営業とは会わない。そういうことになるのは必然です。今後両者が再び交渉することがあるとすれば、供給側が倒産しそうになって、藁にもすがる思いで少しでも可能性があればとかつて決裂した顧客にダメ元で営業をかけるときくらいでしょう。しかし介護施設に雇われる介護職員にそんな状況の訪れるはずもありません。もう生涯の決裂は決定的なのです。

私は教師の賃金がこれ以上カットされれば、同じ論理で過度な要求をする子どもや保護者を殴りつけ、「私はこれを我慢しなければならないほどの給料をもらっていない」という教員が出るのではないかとびくびくしています。或いは賃金がそのままであったとしても、子どもや保護者側の消費者マインドがいま以上に肥大して、同じように「もう辞～めた」と言い出す教員が量産されるのではないかとおろおろしています。

だってこの一ヵ月を就労し続けるか否かによって退職金が百万円違うということになったとき、けっこうな人数の教員が早期退職を選んだのですから。そしてそれ以上に、その早期退職を選んだ教員たちに対して世論もマスコミも批判の声を上げられなかったのですから。つまりこのことは、教員だって労働者であり百万円の損をしてまで我慢して働く必要はないという論理を世間が肯定したことを意味するわけですから。

現在の四十代は、景気の良い時代を知っているバブル世代である四十代後半と、就職氷河期の始まったルサンチマン第一世代である四十代前半とが混在しています。混沌とした四十代、前後半で断絶する四十代でもあります。

しかしあの八〇年代がつくり上げた消費者マインドだけは、四十代前半も後半も深く内面化しています。少なくとも後続世代よりは物欲に取り憑かれている世代です。おそらく私たちの後続世代は四十代に比べてかなり慎ましやかで現実的です。それなのに私たちがこれから二十年近くにわたって学校運営の、もっと広く言うならこの社会の政策決定の主導権を握ろうとしています。この二〇一〇年代から二〇二〇年代にかけてはそういう時代なのです。

私は本書を通じて、どちらかというと消費者マインドによる市場経済的な発想で学校教育を考えるのではなく、これから「人の上に立つ」のだからもう少し共同性を大切にしませんかという論調で発言してきたつもりです。だって私たちは団塊世代が大嫌いではありませんか。団塊世代が自分勝手で不勉強でいつも得してると思って生きてきましたよね。後続世代に僕らはそう思われたくないな……とは思いませんか（笑）。

それを実現するか否かは私も含めて、これから二十年近くにわたる四十代の動きにかかっているのだと言っても過言ではありません。私たち一人ひとりの自覚が学校教育を良い方向にも悪い方向にも向けてしまうのかもしれない、そんな意識をもつべきときが図らずも来てしまっているのです。

# あとがき

おばんです。最後までお読みいただきありがとうございます。二十代本、三十代本に続いて、四十代本を書かせていただきました。僕は現在、四十代を終えようとしている年代ですから、本書はまさに、現在の僕のリアルタイムの提案ということになります。

四十代は、現場の学校教育というものがそれまでとはまったく違ったものに見えてくるところにその特徴があります。自分の学級や自分のテリトリーのことばかり考えて、そこだけに集中して成果を上げれば良いという仕事が許されなくなります。心ならずも責任ある立場を担わされ、自分が率先して動くというよりも、若い人たちに気持ち良く動いてもらうような環境を設定する、若い人たちそれぞれの得意技をコラボさせて機能させるような環境を設定する、そんなことを意識しながら仕事をしていかなくてはなりません。四十代になっても「オレがオレが……」では若い人たちが育ちませんし、そうかといっていつでもどこでも一歩引いて構えていれば良いというわけでもありません。三十代までは自分の出番は自分で判断して自分でつくれば良かったわけですが、四十代になると自分の出番が他人によって決められてしまったり状況に応じて決まってしまったりということが、どうしても多くなってしまうものです。こうした変化に対応できるか否かが四十代の成否を決める、そう言っても過言ではないかもしれません。まあ、そういう年齢になってしまったのだから仕方ありません（笑）。

四十代になると、自分の最初の教え子世代はもうとっくに同僚になっています。若い同僚のバイタリティある実践を目にしたり、ミスに落ち込んでいる姿を目にしたりすると、そうか、この若者はあの子たちと同い年なのだな……などと感慨を抱いたりもするものです。ああ、あいつらは元気だろうか、あの子はいまどんなふうに仕事をしているだろう、そんな姿に思いを馳せるのも教師としての醍醐味です。四十代はそんな教え子たちに対する想いを、目の前にいる若い教師たちに転移しながら生きていく、そんな運命を抱えた年代なのかも知れません。

自分の学級の子を育てる。そんな思いから、〝自分の学校のすべての子どもたちに責任をもつ〟へ。そして〝職員室の若手教師たちにも責任をもつ〟へ。その転換期が四十代なのです。

帰り道／松山千春 を聴きながら…

二〇一六年一月　窓外の銀世界を眺めながら　**堀　裕嗣**

**【著者紹介】**

堀　裕嗣（ほり　ひろつぐ）

1966年北海道湧別町生。北海道教育大学札幌校・岩見沢校修士課程国語教育専修修了。1991年札幌市中学校教員として採用。学生時代，森田茂之に師事し文学教育に傾倒。1991年「実践研究水輪」入会。1992年「研究集団ことのは」設立。

現在，「研究集団ことのは」代表，「教師力 BRUSH-UP セミナー」顧問，「実践研究水輪」研究担当を務める傍ら，「日本文学協会」「全国大学国語教育学会」「日本言語技術教育学会」などにも所属。

『必ず成功する「学級開き」魔法の90日間システム』『必ず成功する「行事指導」魔法の30日間システム』『スペシャリスト直伝！　教師力アップ成功の極意』『教師力ピラミッド毎日の仕事を劇的に変える40の鉄則』『堀裕嗣―エピソードで語る教師力の極意』『教師力トレーニング・若手編　毎日の仕事を劇的に変える31の力』『THE 教師力』『THE 教師力～若手教師編～』『THE いじめ指導』『THE 手帳術』『国語科授業づくり入門』『よくわかる学校現場の教育原理　教師生活を生き抜く10講』（以上，明治図書）など著書・編著書多数。

E-mail：hori-p@nifty.com　　Twitter：kotonoha1966
BLOG：http://kotonoha1966.cocolog-nifty.com/blog/

教師が40代で身につけたい24のこと

2016年2月初版第1刷刊 ©著　者　堀　　裕　　嗣
2016年11月初版第3刷刊　発行者　藤　原　光　政
発行所　明治図書出版株式会社
http://www.meijitosho.co.jp
（企画）及川　誠（校正）井草正孝・西浦実夏
〒114-0023　東京都北区滝野川7-46-1
振替00160-5-151318　電話03(5907)6704
ご注文窓口　電話03(5907)6668

＊検印省略　　組版所　株式会社アイデスク



Printed in Japan　　ISBN978-4-18-194714-9

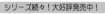

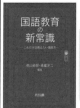

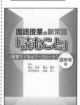

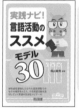

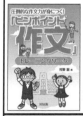

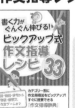